CABALA E PSICANÁLISE

Blucher　　　　　KARNAC

CABALA E PSICANÁLISE

Michael Eigen

Tradução
Beatriz Andreiuolo

Revisão técnica
João Paulo Machado de Sousa

Authorised translation from the English language edition published by Karnac Books Ltd.

Cabala e psicanálise
Título original: *Kabbalah and Psychoanalysis*
© 2012 Michael Eigen
© 2017 Editora Edgard Blücher Ltda.

Equipe Karnac Books
Editor-assistente para o Brasil Paulo Cesar Sandler
Coordenador de traduções Vasco Moscovici da Cruz
Revisão gramatical Beatriz Aratangy Berger
Conselho consultivo Nilde Parada Franch, Maria Cristina Gil Auge, Rogério N. Coelho de Souza, Eduardo Boralli Rocha

Blucher

Rua Pedroso Alvarenga, 1245, 4º andar
04531-934 – São Paulo – SP – Brasil
Tel.: 55 11 3078-5366
contato@blucher.com.br
www.blucher.com.br

Segundo o Novo Acordo Ortográfico, conforme 5. ed. do *Vocabulário Ortográfico da Língua Portuguesa*, Academia Brasileira de Letras, março de 2009.

É proibida a reprodução total ou parcial por quaisquer meios sem autorização escrita da editora.

Todos os direitos reservados pela Editora Edgard Blücher Ltda.

FICHA CATALOGRÁFICA

Eigen, Michael

Cabala e psicanálise / Michael Eigen; tradução de Beatriz Andreiuolo; revisão técnica de João Paulo Machado de Sousa. — São Paulo : Blucher, 2017.
216 p.

Bibliografia
Título original: *Kabbalah and Psychoanalysis*
ISBN 978-85-212-1118-1

1. Psicanálise 2. Cabala I. Título. II. Andreiuolo, Beatriz. III. Sousa, João Paulo Machado de.

16-1105   CDD 150.195

Índices para catálogo sistemático:
1. Psicanálise

Para

Shirah Kober Zeller e Jerry Zeller

pela visão e pelo apoio.

Sobre o autor

Michael Eigen trabalhou com crianças com transtornos emocionais (principalmente psicóticas) quando estava na casa dos vinte anos e, dos trinta em diante, trabalhou com adultos. Dirigiu um programa institucional para trabalhar com indivíduos criativos no Center for Psychoanalytic Training e foi o primeiro Diretor de Treinamento Educacional do Institute for Expressive Analysis. Fez parte do Comitê Diretor da National Psychological Association for Psychoanalysis por oito anos, primeiro como Presidente de Programa e, depois, como editor do periódico *The Psychoanalytic Review*. Ensinou em vários institutos e universidades e proferiu palestras e seminários em diferentes países. Nos últimos vinte anos, ensinou e deu supervisões principalmente na National Psychological Association for Psychoanalysis e no Programa de pós-doutorado em Psicoterapia e Psicanálise da Universidade de Nova York. Por mais de trinta e cinco anos, vem oferecendo seminários privados sobre Winnicott, Bion, Lacan e sua própria obra. *Cabala e Psicanálise* é seu 21º livro e baseia-se em seminários recentes proferidos no The New York University Contemplative Studies Project.

Eu uso a Cabala como um referencial para a psicanálise.

(W. R. Bion)

Se rasgar mesmo que sejam três páginas da Torá, colocá-las em sua boca e sentir o gosto, sua língua irá queimar como o menino Moisés com o fogo sagrado que nunca se extingue. O fogo que nunca se extingue encontra a ferida que nunca sara.

(Michael Eigen)

O chorar está alojado em um dos lados do meu coração e a alegria está alojada no outro.

(O Zohar)

Saio em Tua busca e Te descubro vindo em minha direção.

(Yehudah Halevi)

Nada é mais inteiro do que um coração partido.

(Rabino Nachman)

Há algo a respeito de se mergulhar nas profundezas, e mais fundo ainda, que está além daquilo que pensamos que possam ser as profundezas.

(Merle Molofsky)

Meu cálice transborda.

(Salmo 23)

Coração aberto, mente respirando.

Prefácio e introdução

Este livro nasceu a partir de dois seminários sobre Cabala e psicanálise oferecidos no âmbito do New York University Postdoctoral Contemplative Studies Project (entre 10 de outubro de 2010 e 3 de abril de 2011), por sugestão do Dr. James Ogilvie. Daniel Wentworth transcreveu as fitas dos seminários. Adicionei algum material novo sem prejudicar o fluxo vivo dos seminários. Os Apêndices sustentam-se como um pequeno livro independente. Penso em quão encantado fiquei com o apêndice do livro de Marion Milner, *On Not Being Able to Paint*, que abre dimensões que podem apenas ser entrevistas no texto. Isso permanece como um modelo geral para a importância do que foi acrescentado.

Parte do ímpeto para esse trabalho, embora na ocasião eu não suspeitasse disso, veio de uma troca espontânea que tive com Wilfred Bion em 1978, um ano antes dele morrer. Estávamos conversando e, de repente, ele perguntou "Você conhece a Cabala, o Zohar?". Até onde sei, não houve nenhuma preparação para esse comentário.

Ele simplesmente o fez. Fiquei um pouco desconcertado e disse, "Bem, eu conheço, mas não *conheço* realmente bem". Leio partes da Cabala desde o começo dos meus vinte anos e, sem que tivesse me dado conta, isso fazia parte da minha experiência desde o início da infância. Tinha quarenta e poucos anos quando conheci Bion. Ele rapidamente retrucou, "Eu também não conheço realmente bem", confortando-me com modéstia. Ficou estabelecido que nenhum de nós era erudito no assunto, especialista, "conhecedor", mas que tínhamos consciência, familiaridade com ele. Houve uma pausa. Então, ele olhou para mim e disse, "Eu uso a Cabala como um referencial para a psicanálise".

Eu não disse nada por um tempo, esperando que o comentário dele fosse absorvido. Lembrei-me de um seminário com Joseph Campbell, que usava os chacras Kundalini como modelo para explicar Freud e Jung e diferentes aspectos da vida espiritual; portanto, apesar de surpreso, eu não estava totalmente surpreso. Ainda assim, ouvir Bion dizer isso causou-me algum movimento interior. Por anos perguntei a mim mesmo por que ele havia dito aquilo para mim. Até onde sei, ele não parece ter dito algo do tipo para mais ninguém. Por que eu?

Alguns anos mais tarde, lendo um de seus seminários realizados no Brasil, encontrei uma passagem em que ele falava sobre um paciente judeu que desvalorizava suas origens raciais. Ele estava supervisionando um caso e falou sobre a atitude do paciente como um desligamento de algo fundamental, de uma fonte de potencial riqueza. Esse desligamento do paciente impedia um fluxo básico de seu próprio ser. Perguntei-me se o comentário de Bion sobre a Cabala teria o intuito de estimular, convidar, alimentar minha alma judaica. Será que insinuava algo a respeito de minha própria necessidade de entrar em contato com uma fonte profunda de possibilidades dentro de mim, alguém que eu teria parcialmente renegado, apagado ou negligenciado? Nossas conversas tiveram um grande efeito em um curto espaço de tempo (Eigen & Govrin, 2007) e algumas coisas que delas surgiram levaram anos para dar frutos. Este livro é um de seus resultados, trinta e quatro anos depois.

Não sou um estudioso da Cabala, mas certos aspectos de seus ensinamentos tornaram-se parte de mim, assim como o trabalho psicanalítico. Os dois têm muitos pontos de convergência. O principal escritor da psicanálise que uso nesse trabalho é Bion, em parte pelo seu comentário surpreendente de que utilizava a Cabala como referência para a psicanálise, mas, principalmente, porque é difícil não encontrar as conexões entre as duas. Ambas estão preocupadas com a catástrofe e a fé. Bion diz que a fé é a atitude psicanalítica. Ambas estão preocupadas com a infinidade e a intensidade da experiência. Ambas estão preocupadas com o estilhaçamento e com a possibilidade de se suportar e desenvolver o tipo de psique que possa lidar com as dimensões que a sensibilidade abre. Ambas estão preocupadas com implicações ontológicas do Desconhecido e com a importância da vida emocional. Também Bion escreve de maneira penetrante sobre a crise atual de fé, algo básico dentre as preocupações da Cabala.

Como em todos os meus trabalhos, D. W. Winnicott desempenha um importante papel como referência geral neste livro. Seus escritos sobre centelhas vitais se conectam com o tema cabalístico de fagulhas divinas espalhadas por todos os lugares. Seu núcleo incomunicável está relacionado ao *Ein Sof* da Cabala, o infinito que está além dos limites e da concepção. Também para Winnicott a fé é importante, o que chamo de fé paradoxal (Eigen, 1998), uma vez que ela abrange e abre diversas dimensões sem tomar partido de maneira reducionista. Winnicott também escreve sobre a importância da ilusão criativa, que contribui para a riqueza do viver e para que o indivíduo se sinta vivo. Ele localiza a ilusão na experiência transicional, a qual assume diferentes formas enquanto crescemos. Pode ser que aquilo a que chamamos *self* seja, em parte, um estado transicional que, assim como as bonecas, os jogos e os hobbies da infância, perde seu significado quando crescemos. Nós suplantamos identidades de *self* outrora muito valiosas conforme novas dimensões da experiência se abrem e nos levam adiante. No entanto, paradoxalmente, antigos estados do *self* podem se aprofundar quando tocamos neles com aquilo que somos agora.

O presente trabalho é minha exploração pessoal apoiada por muitas fontes. As linhas sobre o rabino Nachman no Capítulo 2 foram fortemente inspiradas em *Tormented Master: The Life and Spiritual Quest of Rabbi Nahman of Bratslav*, de Arthur Green (1992). Também foram enriquecidas pelo trabalho de Rodger Kamenetz intitulado *Burnt Books: Rabbi Nachman of Bratslav and Franz Kafka*. As diferentes grafias de Nachman/Nahman são discutidas no Apêndice 7: "Os caminhos do Rabino Nachman". Agradeço à Dra. Sue Saperstein pelo estímulo para ler as obras de Green e Kamenetz mencionadas.

Listo algumas leituras sugeridas no Apêndice 8, além das referências, mas nenhuma lista reduzida poderia cobrir todo o tema. Alguns dos meus aprendizados mais importantes provêm de contatos diretos com professores e com a própria vida. A Cabala não é uma obra unificada, mas um termo livre que cobre um arquipélago de possibilidades, textos de muitas épocas, muitos lugares e das mais diferentes personalidades que se possa imaginar. Minha própria vida foi tocada por uma diversidade de tradições místicas e espirituais além do judaísmo, incluindo as tradições budista, taoísta, hindu, sufi e cristã. De maneira similar, uma miríade de influências psicanalíticas e não analíticas são importantes para mim, incluindo Freud, Jung, Adler, Reich, Searles, Elkin, Kohut,

Bion, Winnicott, Milner, Lacan, Perls e vários tipos de trabalho corporal. Eu listaria uma série de contemporâneos meus igualmente importantes, mas temo deixar alguém de fora. Não sou um especialista em nada, mas sou grato a muitos contatos por abrirem aspectos da realidade.

Para muitas pessoas, um senso de infinidade entrelaça-se com a vida cotidiana. Elas fazem parte uma da outra, constituindo uma realidade. Esse entrelaçamento tem feito parte de minha vida desde que consigo me lembrar e contribuiu para fazer com que minha vida fosse significativa para além do que é possível descrever. Às vezes, imagino indivíduos e a humanidade como um todo, como uma mansão com vários quartos, muitos dos quais talvez nunca adentremos. Talvez essa seja uma fonte para os sonhos sobre casas ou apartamentos que nos mostram mais quartos do que imaginávamos. Em geral, precisamos de apoio e permissão para ocupar alguns desses espaços desconhecidos, para entrar em uma relação criativa com o mais que somos e não sabíamos que éramos.

Os textos podem ser organismos vivos, algumas vezes mais reais do que a própria vida. Espero que este livro leve você a lugares que lhe são caros, que abra possibilidades e dê suporte ao desdobramento de sua própria sensibilidade.

Conteúdo

Capítulo 1	17
Capítulo 2	73
Apêndice 1: *Ein Sof* e os *Sephirot* (Árvore da Vida)	133
Apêndice 2: Quatro mundos	153
Apêndice 3: Círculo e raios	157
Apêndice 4: O-gramas	161
Apêndice 5: A grade de Bion	169
Apêndice 6: Citações de Bion	181
Apêndice 7: Caminhos do Rabino Nachman	197
Apêndice 8: Leituras selecionadas	203
Referências	207
Índice remissivo	211

Capítulo 1

[Testando microfone, cantando]: Shema, Shhhmaaaa. Shhhh...

O coração da Cabala, o coração verdadeiro da Cabala, é o verso: "*V'ahav'ta eit Adonai Elohekha b'khol l'vaw'kha uv'khol naf sh'kha uv'khol m'odekha.*" Todos que conhecem este verso, por favor, repitam-no comigo. (Grupo: "*V'ahav'ta eit Adonai Elohekha b'khol l'vaw'kha uv'khol naf sh'kha uv'khol m'odekha.*") (*Deuteronômio* 6; 5.)

Quando eu era criança, ensinavam-nos que isso significava: "Amarás ao Senhor teu Deus com todo o teu coração, com toda a tua alma, com toda a tua força." O verso era apresentado como um mandamento, embora mesmo criança eu sentisse que havia algo mais nele. Mais ressonância, outra vibração. Eu não conseguia encaixar muito bem as coisas: mais que um mandamento, diferente de um mandamento. Era uma pista sobre quem eu era e sobre o que havia em mim.

Quando estava um pouco mais velho, encarei-o como um convite: você está *convidado* a amar a Deus com todo o seu coração, sua alma e sua força. Um tipo de convite para o *playground* de Deus, para o solo sagrado de Deus. Você está convidado para vir brincar com Deus com todo o seu coração, sua alma e sua força. Então, quando fiquei um pouco mais velho ainda, comecei a pensar: *V'ahav'ta* – e você irá amar. E você *irá* amar, você amará. Quando estou desesperado, infeliz, totalmente sem amor, cheio de ódio, arrasado e sem rumo ou esperança, alguma coisa, algumas vezes, surge em mim e diz, "Eu te amo." E é a esperança de que eu *irei* amar. Você *irá* amar, você amará a Deus com todo o seu coração, toda a sua alma e toda a sua força.

Quando cresci mais ainda, comecei a sentir essa frase como uma declaração de fato. Era justamente da maneira como deveria ser. É a maneira como somos marcados. É algo em nós, algo em nossa constituição, uma planta estrutural de nosso próprio ser. Mantém-se mudando, abrindo. Nunca paramos de nos transformar nela. Relacionamo-nos com ela de diferentes maneiras, em momentos diferentes, e ela se relaciona conosco de maneiras diferentes. É uma declaração de fato. Eu te amo. Eu amo a Deus com todo o meu coração, minha alma e minha força. Então, vamos dizer isso juntos: "Eu amo a deus com todo o meu coração, minha alma e minha força." (Grupo: Eu amo a Deus com todo o meu coração, minha alma e minha força. Eu amo a Deus com todo o meu coração, minha alma e força.) Eu te amo. Eu te amo com todo o meu coração, minha alma e minha força: um mandamento, um convite, um desafio, um fato. O coração de ambas, Cabala e Torá. Tudo cresce a partir desse amor.

O "você" nas palavras "e você *irá*" é um você inclusivo, significa todos nós. *V'ahav'ta eit Adonai* ("e você irá amar ao Senhor"). *Adonai*, como muitos de vocês sabem, é uma palavra substituta. *Adonai* significa "senhor" e é um substituto para o tetragrama *Yud-Hay-Vav--Hay*. Ao longo da Torá, *Yud-Hay-Vav-Hay (YHVH)* é a palavra usada. Mas, mesmo assim, sobrepõe-se a ela a palavra *Adonai*.

Não se deve dizer o tetragrama YHVH. Nem ao menos sabemos como é dito. Não conhecemos os sons das vogais nele, embora antigos textos cristãos nos contem que se diz "Yahweh." Às vezes, em momentos de ironia e humor, penso que talvez se pronunciasse Oy-vey, ou algo que leve a essa expressão todo poderosa. Alguns dias atrás, parei alguns judeus de aparência muito religiosa no parque e pedi a eles que me dissessem palavras para Deus no singular e no plural. Em suas respostas, usaram a palavra Jaweh – evitando pronunciar o Y e o V. Com Jaweh, você quase diz o nome sem dizer o nome. Jaweh, perto, mas não muito. Quem sabe?

Eis aqui uma história semicabalística. Quando eu era criança em Passaic, Nova Jersey, um homem de Nova York vinha nos visitar uma ou duas vezes por ano em busca de doação de caridade para os pobres de seu grupo chassídico. Seu nome era Rabino Kellner e ele sempre tinha boas palavras para mim, um pequeno menino. Quando eu o via, alguma coisa diferente de quando encontrava as pessoas comuns de Passaic acontecia. O rosto dele tinha um brilho e eu não sabia o que era aquele brilho. Provocava algo especial dentro de mim. Quando cresci, vim a saber que aquele brilho tinha um significado sagrado. Quando o Rabino Kellner chegava, meu pai parava o que quer que estivesse fazendo. Não me lembro muito o que era dito, mas o sentimento nunca me deixou. (Anter Govin perguntou-me sobre minha infância em Passaic, Nova Jersey, e pode-se saber mais sobre ela em *Conversations with Michael Eigen*, 2007.)

Quando meu pai morreu, em 1986, fui para uma *shul* (sinagoga, templo, casa de oração e estudo) perto de minha casa no Brooklin para rezar o *kaddish*. Escolhi essa *shul* porque, semanas antes, o rabino de lá andava pela rua com um *lulav* e um *esrog* e convidou meu filho de cinco anos e a mim para dizermos uma prece e sacudi-los. (O*lulav* é um maço de palmeira, murta e salgueiro; o *esrog* é um cítrico similar a uma lima. Deve-se sacudi-los em torno de si, Deus em torno de você, celebrando a *Sukkot*, festa das cabanas e das colheitas de outono, em memória da peregrinação pelo deserto e que ressalta a instabilidade e profunda dependência frente a Deus.) Meu filho e eu gostamos de sacudi-los. Foi tão bom que, quando fui rezar o *kaddish*, escolhi a *shul* daquele rabino. Não muito tempo antes de morrer, meu pai me dissera que o *kaddish* não é o que muitos pensam, uma prece de luto, uma prece triste – é uma canção de louvor, ela entoa louvores a Deus. Ele queria que eu dissesse o *kaddish* dessa maneira.

Mais ou menos na mesma época em que comecei a frequentar a *shul* do meu bairro, o rabino que havia falado no funeral de meu pai em Passaic colocou-me em contato com o rabino Kastel em Crown Heights, Brooklyn. Passei algum tempo com o rabino Kastel e, quando este ouviu minha história sobre o rabino Keller, marcou um encontro para que eu encontrasse os dois filhos dele, na época senhores já idosos que viviam em Crown Heights. Então, lá estava eu, um homem nos seus cinquenta anos estudando com os filhos do rabino Keller, no Brooklyn. Há muito a ser contado sobre essas visitas semanais, mas isso fica para um outro dia. Tive sorte por passar o tempo que passei com eles, pois não muito tempo depois de interrompermos os encontros, eles deixaram essa terra. Se isso não é cabalístico, então não sei... O rabino cuja *shul* escolhi para frequentar em meu bairro também tinha raízes em Crown Heights – mais uma vez, histórias para um outro dia.

O tempo faz coisas estranhas. Abre portas que você não espera que sejam abertas. Portas se fecham, portas se abrem.

Eis aqui uma pequena coisa que os Keller me ensinaram. Perguntei a eles, no *sh'ma*, porque há dois nomes para Deus, Yahweh e Elohenu (*Sh'ma Yisroel, Adonai Elohenu, Asonai Echad*: Ouve, Oh

Israel, o Senhor é nosso Deus, o Senhor é um. Adonai, Senhor, é o substituto oral da grafia YHVH, o mistério infinito, indizível). Eles me disseram que um é singular e o outro plural. YHVH – adonai, senhor – singular. Elohenu, plural, deuses. Na minha ideia – e eles não me corrigiram – considerei que todos os deuses, todos os deuses aos quais a Bíblia alude ou aos quais qualquer um possa aludir, todos são agrupados no UM; são perfis do UM, por assim dizer. O Um e Único está além do pensamento, da imagem, da palavra. Todos os deuses são UM Deus, e o mistério do UM tem a primazia. O plural e o singular são um. Um unidade composta pela pluralidade e pelo UM.

O *um* perpassa as religiões, não é mesmo? Há o um no Taoísmo, no Budismo, há o dedo um Zen, nossa face original, e muito mais. Em shows de rock, todos elevam suas mãos sobre as cabeças com os dedos indicadores apontando para cima. Nos shows de Matisyahu (um roqueiro rapper chassídico) acontece o mesmo, todas as pessoas no ambiente acenam um dedo para cima acompanhando a música. Então, esse um é muito especial, muito popular. Todo UM. Quando penso nele agora, tenho o sentimento de que tenho a honra de estar aqui. É uma honra estar com vocês. E é uma honra para nós simplesmente estarmos aqui. O Dalai Lama fala sobre a preciosa forma humana, e minha prece é para que honremos o dia e para que o dia nos honre, que sejamos merecedores da vida nesse dia e que a vida nos dê inspiração para irmos adiante, para nos abrirmos um pouco mais.

Um dos temas da Cabala, e um dos temas em alguns aspectos da psicanálise, é que somos quebrados. E, ao mesmo tempo, há um estranho paradoxo – um tipo de paradoxo monista, e não dualista – de acordo com o qual somos inteiros e quebrados ao mesmo tempo. Os salmos nos dizem que a alma é pura e a cabala acrescenta que há um ponto da alma em contato com Deus o tempo todo. Podemos ou não ter consciência desse ponto de contato. Um termo como "ponto" é apenas uma imagem para um sentido inefável de contato com o Mais Profundo de Tudo. E, no entanto, os salmos também nos falam de momentos em que não sentimos contato, desprovidos de contato, abandonados, abissais, e em que ansiamos por contato novamente. Eu disse anteriormente que estamos tocando algo mais do que o dualismo, mas que, paradoxalmente, estamos mergulhados em dualidades. Estou e não estou em contato com Deus. Estamos e não estamos em contato. Alguma coisa em mim pode ser pura. Não sou puro. Posso ser um demônio. Sou malicioso, estranho, jocoso, desagradável, egoísta e coisas piores ainda. No entanto, devo testemunhar algo puro, inteiro, totalmente elevado e surpreendente: um milagre que uma forma de vida como vocês e eu possam existir. Avariado e inteiro, corrompido e puro, e tudo o que há entre esses extremos misturado. Gostaria de tratar mais um pouco do tema da ruptura.

A cabala é vasta. A cabala não é algo unificado, uma série oficial de livros como a Torá. É um arquipélago, fragmentos que se estendem ao longo do tempo. Aquele escreveu isso, um outro escreveu aquilo. Ela se acumula ao longo de muitos anos, possivelmente até hoje. Muitas trilhas, livros, visões, meditações e registros de conversas que provavelmente cobrem mais de 2.000 anos, remetendo a elaborações imaginativas sobre do que é feita a Torá, significados escondidos, mais profundos. A cabala nos atinge através de formas partidas que tocam um âmago carente. Trata-se de uma intimidade profunda que sentimos e expressamos, perdemos, reencontramos, recriamos na falta, no sofrimento e no regozijo.

Encontramos na Cabala Luriânica uma corrente sobre ruptura que se tornou um tema popular na Cabala. O Rabino Isaac Luria transmitia seus conhecimentos em Safed, no século XVI. Ele não escrevia muito, mas um de seus seguidores, Chaim Vital, escreveu e reformulou suas falas e ensinamentos. Vou dividir uma pequena porção de sua visão, que muitos de vocês conhecem. Todos temos nossas maneiras idiossincráticas de contar uma história. Deus sentiu-se inspirado a criar algo. É estranho dizer isso a respeito de Deus, uma vez que a criatividade, assim imaginamos, é intrínseca à sua "natureza." Algo que se pode falar sobre o Deus do Gênesis é que trata-se de um Deus criativo. No começo Deus criou, ou, para transformar isso em algo mais próximo de um ideograma: no começo, Deus criando. Ou, deixando de fora "no": Começo Deus Criando.

Talvez Deus tenha sentido a necessidade de compartilhar o ser criativo. Embora, mais uma vez, a palavra "necessidade" soe suspeita quando se trata de algumas visões acerca de Deus. Na Cabala, com frequência fala-se de Deus como se ele tivesse necessidades, embora perceba-se que se está falando do inefável. Falar de necessidade é falar de amor; compartilhar a criatividade por amor, ou simplesmente pela criatividade como tal.

Alguns ensinamentos gnósticos nos contam que a criação, para Deus, é um tipo de redução, uma forma mais baixa da existência de Deus. Alguns ensinamentos da Cabala fazem eco a isso, mas há outros que dão um peso especial a essa criação "mais baixa", como um lugar de consequências radicais, cheio de possibilidades espirituais, um lugar onde a compaixão pode ser compreendida, uma vez que compaixão e crueldade competem entre si e se entrelaçam. A Vida como uma morada para a angústia e para a alegria.

Um problema enfrentado por Deus: como sair por aí criando algo se Ele é tudo? Não há lugar para a criação se Deus preenche tudo. O problema de Deus refere-se a como abrir espaço para algo que não seja Deus. O rabino Luria (1534-1572), em Safe, e Jacob Boehme, um místico alemão nascido dois anos depois da morte de

Luria, tiveram soluções similares. Deus contrai-se para abrir espaço para o mundo. Pergunto-me se isso é um tipo de embasamento místico para a ênfase de Martha Graham na contração. Digo isso com alguma ironia, porque contração tem muitas possibilidades, como em contrair-se de dor e angústia, ou de maneira mais taoística: parte do ritmo dentro-fora da respiração ou o processo das fantasias inconscientes de Melanie Klein, envolvendo projeção-introjeção. Falamos até do universo em contração e expansão. Há ainda o jogo de palavras, o duplo sentido de contrair, atrair, fazer um contrato com, reunir-se.

Deus recua, contrai-se. Eu vejo isso como uma reverência: reverenciando, abrindo espaço para o outro. Abrir espaço, um pacto, um tipo de reverência mútua. Deve-se notar que tudo que dizemos sobre Deus, estamos dizendo sobre nós mesmos. Dizemos que Deus é onisciente e onipotente, mas essas são capacidades que desejamos para nós mesmos. Mais ainda, agimos como se *fôssemos* oniscientes e onipotentes. Isto é, agimos como se soubéssemos tudo, ou mais do que sabemos, e como se tivéssemos o poder de fazer o que quiséssemos, ou como se fôssemos iludidos a pensar assim. Onisciência e onipotência são fantasias poderosas que permeiam nosso comportamento, em geral com resultados desastrosos, às vezes com resultados impressionantemente criativos. Como analistas, podemos dizer que projetamos onisciência e onipotência em Deus, refletindo nossa própria preocupação com o conhecimento e com o poder. Veja o tamanho do problema em que nos metemos ao pensarmos que sabemos mais do que sabemos e ao agir como se fôssemos ou devêssemos ser mais poderosos do que somos, e a contração à qual nos submetemos ao pensarmos que Deus é como imaginamos. Empobrecemos Deus ao contraí-Lo a um esboço de categorias mentais selecionadas, a contrações mentais.

Vai aqui um exemplo de onisciência. Nós sabíamos – ao menos alguns de nós sabiam, ou achavam que sabiam, ou simplesmente fizeram de conta que sabiam – que Saddam Hussein tinha armas de destruição em massa e que era melhor que o pegássemos antes que ele nos pegasse. A onisciência tem muitas variações. Devíamos saber disso. Às vezes atribuímos onisciência a Deus e o culpamos pela confusão em que estamos. Nós trocamos a culpa, a causa, a responsabilidade. Mas não sabemos mais, e culpar não ajuda. É melhor conhecermos essa nossa perigosa e às vezes perversa qualidade de pensarque sabemos mais do que sabemos.

Luria e Boehme nos contam que Deus se contrai para abrir mais espaço para nós. Deus é o modelo de alguma coisa para nós. Precisamos nos contrair para abrir espaço. Se só nos expandirmos, não haverá lugar para outros. É bom ser expansivo e aproveitar o seu *self* expansivo. Mas se as pessoas lhe dizem algo profundamente significativo, algo real, verdadeiro e delicado, e você só consegue se expandir, como irá ouvi-las, como poderá deixá-las entrar?

Deus contraiu-se e abriu espaço para nós. Não muito espaço, talvez, mas aqui estamos, do modo como podemos estar. Gostaria de dividir uma visão, uma impossibilidade paradoxal proposta por uma ideia interna sob a forma de uma realidade profunda: Deus é inteiro em todos os lugares. No entanto, nós somos; nós existimos. Podemos dizer que existimos dentro de Deus, fora de Deus, as duas coisas, ou em qualquer outro lugar? Há, por acaso, qualquer espaço que não seja o espaço de Deus? Se Deus está em todos os lugares, como podemos sentir sem Ele? E, no entanto, sentimos. Não temos acesso a Deus que é sempre acessível; acessível e, no entanto, se retira e, indo e vindo, nos chacoalha com dor e alegria: uma visão que é em parte cruel, em parte acolhedora. Um "agora você o vê, agora não mais" primordial que se conecta com o ir e vir de nossa própria vitalidade e sentimento de *self*, com nossas flutuações emocionais. Ao mesmo tempo, o *Chassidus* (Schneerson, 1998) nos diz que há um ponto da alma que está sempre em contato com Deus e que, em nossa experiência, aumenta e diminui, ou que seja, talvez, como um zumbido constante de fundo.

Na história do Rabino Luria, mesmo tendo Deus tentado abrir espaço para nós, algo deu errado. Vasos que deveriam conter, transmitir e transmutar a energia divina despedaçaram-se. Vasos, emanando criação, quebraram-se nos níveis mais básicos de formação. Não puderam suportar a intensidade de energia que estavam mediando. Alguns dos canais mais altos permaneceram intactos, mas aqueles mais envolvidos naquilo que se tornou nosso mundo (e nós), despedaçaram-se. Em uma recente exposição de Anselm Kiefer, senti-me tocado por uma representação em escultura da Shekinah com trajes de princesa em frangalhos, com marcas de queimaduras, manchada, em rasgos e farrapos; talvez um vestido de noiva (a noiva do Sabbath). Shekinah, dentre outras coisas, é a presença de Deus em nós, na terra, no décimo *Sephirot*, Malkut, uma das esferas, dimensões, vasos e canais despedaçados. [Apêndice 1: *Ein Sof* e os *Sephirot (Árvore da Vida)*]. Diz-se que nosso desafio, nosso trabalho, é reparar a ruptura. Onde quer que estejamos, incrustados nos estilhaços, nos cacos, no quebramento, há centelhas divinas esperando para serem redimidas com nossa ajuda. E nós somos ajudados pela Presença Divina, *Shekinah*, que, na visão de Kiefer, partilha a poeira e as cinzas de nossa existência cicatrizada. É impossível evitar, aqui, a troca das letras: cicatrizada-apavorada-sagrada.[1]

A criação e o processo criativo não puderam suportar que sua própria intensidade nos ensinasse, como psicoterapeutas, a irmos

---

[1] No original, "*scarred-scared-sacred*."

devagar, dosando. Wilfred Bion (1970; Eigen, 1998) vê processos catastróficos no início da vida psíquica e escreve sobre um senso catastrófico como um vínculo que consolida a personalidade, integrando-a. Ele cita o rabino Luria como alguém em ressonância com suas preocupações e adiciona um novo desdobramento. Bion sente que não suportamos a intensidade de nossa própria experiência. Somos, de certo modo, embrionários em relação à nossa habilidade de funcionarmos com nossa capacidade experimental. Somos capazes de processar ou digerir muito pouco daquilo que causa impacto em nós. Bion apresenta isso como um tipo de desafio para o desenvolvimento e para a evolução: como desenvolver a capacidade psíquica para lidar com a psique. Ou, para colocar de forma ligeiramente diferente: como desenvolver a habilidade para lidarmos com problemas emocionais, distúrbios que a personalidade humana apresenta. Espero que o tempo nos permita ir além nesse tema.

Bion segue a mesma linha que Luria: nosso sistema não consegue suportar muito de si mesmo. O experimentar não suporta muito experimentar. Não sabemos o que fazer com nós mesmos e com nossa capacidade experimental. Esta produz experiências que são demais para nós, com as quais não podemos lidar. Se alguém se depara com essa situação e começa a acolhê-la, uma atitude mais ampla começa a se desenvolver. Se o paciente parece não estar mudando e você está ficando impaciente e irritado, contraia, abra espaço para o que parece imutável. Munido de Luria-Bion, você sabe que nosso sistema não suporta muito. Mudanças de energia, trocas de ser e de modos de ser, podem ser muito para esse paciente agora. O "imutável" do paciente pode ser muito para você agora. Contraia, abra espaço, para o paciente e para você mesmo, para sua frustração e para o compasso lento do paciente. Sempre há outras maneiras de se enxergar uma situação. Muito do que acontece imperceptivelmente pode vir à tona de maneira surpreendente quando menos se espera.

Lembre-se da história de Luria: Deus contraiu-se de uma só vez para criar nosso mundo e a vida, e os vasos que transmitiam o ser não suportaram o processo. Isso é semelhante a dizer que a psique não suporta as forças da mudança psicoterapêutica. Na psicoterapia, devagar é importante, dosar é importante. Não é apenas repetição. É dar tempo para que alguém esteja pronto e construa a capacidade de suportar um pouco mais. Mudança terapêutica é difícil, e leva tempo até que se construa a habilidade de fazer uso dela, deixá-la acontecer, digeri-la. Temos que construir recursos que tornem a mudança terapêutica possível. Construir recursos é crucial.

Alguns de vocês me ouviram contar essa história antes (*Psychic Deadness*, 1996). Susan Deri costumava falar sobre ela em alguns encontros. Trata-se do caso de um homem com "esquizofrenia crônica". Depois de quinze ou vinte anos de trabalho conjunto, ele melhorou. Ele agora tinha um apartamento; ele agora tomava conta de si mesmo, tinha uma existência mais independente. Estava sozinho, mas estava sobrevivendo, vivendo a vida que podia. Então, esse homem tem a ideia – ocorreu a ele – de que quer se apaixonar. E, eis que... acontece. Susan ficou preocupada. Como isso pôde acontecer? Será que ele está preparado para isso? Ele se apaixona, e eis que... alguém se apaixona por ele. E eles se casam. E ele está cheio de alegria. E ele se afoga durante a lua de mel. Teve um ataque cardíaco, morreu na lua de mel. Agora, esse amor que ele teve, esse momento de apaixonamento, era algo que Susan não tivera. Ela havia criado filhos, mas esse tipo de amor não era parte da vida dela. O paciente dela teve esse amor, mas não tinha os recursos para suportá-lo.

O que se pode dizer? Teria sido melhor para ele ter permanecido um "esquizofrênico crônico" (era o diagnóstico dele na época), lidando da maneira que podia com o modo de existência que ele suportava, ou quebrado os muros e se despedaçado? Bem, na vida do dia a dia, em geral, não é necessário tomar decisões como essa. O trabalho é lento o bastante e gradualmente se constrói um solo, recursos para dar suporte aos sentimentos. Sentimentos precisam de suporte e você constrói recursos psíquicos para dar suporte à vida dos sentimentos, um pouco de cada vez. A terapia dá suporte ao lento crescimento da vida afetiva.

No caso do paciente de Susan Deri, algo se despedaçou. Os vasos da vida não aguentaram o processo da vida. A vida se despedaçou sob o impacto da vida. Como a vida abre espaço para a vida? Na Cabala, Deus se retirou, abriu espaço e a vida não pôde receber, era muito, e a vida se quebrou. Essa é a situação difícil na qual nos encontramos. A nós é dito que nosso trabalho é reparar o mundo, reparar os vasos, reparar o nome de Deus, colar os pedaços de Humpty Dumpty. O que significa reparar o nome de Deus? Ajudar um Deus quebrado? Ajudar um Deus partido dentro de nós? Nós partimos Deus. Somos seres partidos. Seres partidos com um Deus partido. Não há fim para a ruptura, não há fim para a reparação. Mas trata-se simplesmente de reparar, ou será a ruptura parte da criatividade? Estamos criando vida juntos, a vida nos está criando – e aquilo a que chamamos ruptura é parte disso, parte da criação.

O que dizemos que está quebrado? Shirah Kober Zeller fala do coração quebrado de Deus. Francis Tustin fala de um coração de criança quebrado. O termo "coração quebrado" faz parte da sabedoria da linguagem. Quando Freud nos diz que as palavras ou eventos podem ser uma "explosão no rosto" ou "facadas no coração", ele não está falando apenas metaforicamente. Tustin e Zeller falam de um coração partido no âmago da existência. Talvez haja dois corações: um quebrado e um inteiro. Ou um coração emocional capaz de estar ao mesmo tempo quebrado e inteiro. Um ser, muitos estados e condições.

Como reagimos aos nossos corações quebrados, ao coração quebrado de Deus? Brigando? Livrando-nos deles? Escondendo? Correndo? Entristecendo-nos? Tornando-nos violentos para bloqueá-los, destruindo-os? A destrutividade é a solução para a ruptura? Temos uma solução? Será que somos seres capazes de desenvolver a capacidade de funcionar em estados partidos? Como enfrentamos o fato de crescermos com um coração partido sem causarmos muitos estragos a nós mesmos e aos outros? Como sobrevivemos a nós mesmos e com que qualidade?

O Baal Shem Tov, um místico do século XVIII visto como o fundador do Hassidismo, diria que centelhas divinas estão enterradas na ruptura e nosso trabalho é liberá-las, uni-las com a Divindade. Baal Shem Tov pode ser traduzido em algo como "Mestre do Bom Nome" ou, talvez, "Bom Mestre do Nome Divino." Seu nome era Israel ben Eliezer (filho de Eliezer). Há muitos contos do Baal Shem Tov, uma presença inspiradora.

Muitos escritos cabalísticos reciclam a distinção grega entre *hyle* (matéria) e o espírito animado (*nous*) ou inteligência racional. A matéria é inferior e "tola." Espírito/inteligência dão vida a ela, conferem-lhe forma. Para Aristóteles, a inteligência racional era a capacidade decisiva para a humanidade realizada. Inferior/superior desempenham um papel básico no pensamento sobre a vida e a capacidade humana. As categorias e imagens de superior/inferior permeiam a visão e o pensamento cabalísticos. Isso é, em parte, representado pela postura ereta do corpo humano. Cabeça em cima e pés embaixo encaixam-se com céu em cima e terra embaixo. Quando o hassida faz suas preces, amarra uma correia em torno de seu pulso para simbolizar a divisão superior/inferior. Ele ascende em prece e não descende aos apetites inferiores. Vocês não ficariam surpresos ao saber que um problema comum às preces é manter afastados os pensamentos inferiores e perturbadores e os desejos.

Há muito a ser dito sobre a estrutura superior/inferior na experiência humana e talvez possamos voltar a esse tema (desenvolvo aspectos sobre as estruturas superiores/inferiores da experiência em *The Psychotic Core*, 1986). Agora, quero apenas indicar que o despedaçamento dos vasos e a dispersão das centelhas divinas resultamem centelhas enterradas na matéria. O mais elevado é enterrado no mais baixo. O puro no corrupto ou na base. Há, também, um fundamento bíblico para essa distinção: do pó viemos e ao pó e às cinzas retornaremos. O sopro divino de Deus dá vida à argila (Adão) da qual o homem é feito. O espírito sagrado nos dá a vida.

As centelhas espirituais dispersas presas na matéria devem ser soltas. A matéria parece ser algo como uma vilã nesse contexto. O peso da matéria mantém o espírito embaixo. As centelhas espirituais precisam ser liberadas e unidas à sua Fonte. A liberação do espírito em relação à matéria é um subtema da Cabala, e um subtema importante. Tem-se, em geral, a impressão de que existe uma batalha básica entre o espírito e a matéria, o mais elevado e o mais inferior, como se o espírito fosse bom e a matéria "má." Isso pode obscurecer a percepção da luta que ocorre dentro do próprio espírito, entre diferentes atitudes afetivas: por exemplo, entre crueldade e compaixão. A luta entre carinho e crueldade também é um tema da Cabala sobre o qual encontramos várias correntes e vários contextos. Uma terceira corrente complementar ou compensatória é a visão de que nossa tarefa é justamente ajudar o mundo "material" *no* mundo material através de nosso *mitzvot* (bons feitos), nosso cuidado e bênçãos, nosso trabalho nas trincheiras, nossas descobertas e parcerias criativas na sacralidade de cada dia.

Como psicólogo psicanalítico, reformulo a história da centelha, altero o ponto de ênfase. Não tenho certeza do que devo fazer com a distinção matéria-psique, por ser uma questão tão complexa, cheia de possibilidades (algo que abordo em *The Psychotic Core*).

Minha versão da história: a psique é fragmentada e possui todotipo de centelhas nela enterradas, fagulhas da vida. Quando as fagulhas da vida surgem, pensamos "Oh, meu Deus, estou vivo!", e elas então se esvaece me nós pensamos "Aqui estou novamente, simplesmente eu." Os estados mudam e às vezes nos sentimos mais livres, uma centelha de vida liberando um *self* mais inteiro, vivo e rico. Estar vivo pode ser muitas coisas, estar vivo calmo ou imóvel e toda a gamades de estar vivo durante o sono até o estar vivo tocando címbalos e dançando de alegria [sobre o profundo estar vivo em imobilidade, ver "The Yosemite God" em *Feeling Matters* (Eigen, 2006)]. Aprender a estar vivo é um trabalho em construção, é o ato decolocar em contato capacidades e possibilidades desconhecidas e nuances da experiência.

Ouvi *Rebbe* Menachem Schneerson dizer, "Onde quer que você se encontre, não importa quão ermo ou sem sentido seja esse lugar, há trabalho a ser feito, centelhas a serem liberadas." Posso adicionar, aqui, centelhas a serem exploradas. Onde quer que estejamos, há centelhas a serem exploradas. Centelhas de vida a serem soltas em qualquer lugar em que você se encontre, centelhas a serem experimentadas, trabalhadas, criadas – momentos de transformação. Centelhas com as quais fazemos contato, com as quais nos vinculamos, desfazemos dissociações, cisões. Há centelhas ocultas em todos os lugares. Onde quer que você esteja significa "psiquicamente", o "lugar" em que você está vivendo sua vida, o sentir a sua vida. Qualquer que seja o seu espaço psíquico – desespero, ira, amor, ódio, rigidez, medo, alegria – onde quer que esteja, uma centelha espera por você, por você apenas, porque só você pode entrar em contato, destilar, liberar, explorar e ser um veículo para o seu conjunto único de centelhas. Centelhas que estão, agora mesmo, no processo de criação. Ninguém senão você mesmo pode fazê-lo, pois as centelhas com as quais você está envolvido estão criando o seu próprio ser, vindo à existênciaa partir de sua própria vida. Há um provérbio no judaísmo que diz que todo o mundo, toda a criação, foram feitos só para você. Claro, isso é equilibrado por outros provérbios e pela própria vida. Quando leio a palavra "*metta*", que Sara (Sara Weber, uma das fundadoras do NYU Contemplative Studies Project) utiliza ao final das suas comunicações por e-mail – uma palavra Pali que significa bondade com ternura... esqueci o que eu ia dizer...talvez eu lembre mais tarde... (Lembrei-me, ver p. 68).

Membro do público: A sensação é de que você compreendeu a centelha dela quando ela escreve isso. Que de alguma forma ela se conecta com algo.

Resposta: Não era nisso em que eu estava pensando, mas gostei.

Membro do público: Cada um de nós é uma centelha individual, cada um de nós sozinho para todos nós...

Resposta: Não era isso que tinha em mente, mas gosto disso também.

Nós somos os encarregados pelas centelhas. Não apenas os encarregados pelo jardim, mas os encarregados pelas centelhas em nosso jardim. Centelhas crescem em nosso jardim e jardins crescem em nossas centelhas.

Ruptura. Antes de prosseguir com a psicanálise e a ruptura, gostaria de dizer mais uma palavra sobre um aspecto da Cabala. Ele brota do *V'ahav'ta* (amarás a Deus com todo teu coração, tua alma, tua força). Numa época de muita solidão em minha vida, eu estava na cama tarde da noite quando, do nada, ocorriam-me as palavras "Eu te amo." Não eram dirigidas a ninguém em particular. Seriam dirigidas a mim? Partiam de mim? Alguma coisa em mim estava dizendo "Eu te amo." Poder-se-ia interpretar que eu estivesse dizendo essas palavras para mim, mas eu não sentia dessa forma. "Eu te amo" emanando da solidão, vindo do além. "Eu te amo" como um tipo de apoio, um desejo, um anseio, mas também algo que está no coração da devoção, algo que simplesmente é.

Estou pensando em um dos meus cabalistas favoritos, o Rabino Akiva. Visitei seu túmulo em Israel, em Tiberíades, um túmulo simples. Não se poderia saber que alguém grandioso estava enterrado nele. Não era como as grandes tumbas de Londres, não era como as pirâmides. Uma lápide simples – com muita dificuldade pode-se ver o que está escrito nela. Sozinha no deserto de areia. Que emoção, uma emoção tão profunda! Há uma história segundo a qual alguns homens estavam fazendo suas preces em uma *shul* (casa de preces e ensinamentos) e havia um menino pequeno nos fundos. Os homens notaram um brilho vindo dos fundos da casa de preces e, quando investigaram, encontraram um menino sentado recitando o alfabeto, *aleph, bet, gimmel...* Ele não falava hebraico, não conhecia as preces. Um menino iletrado que nem ao menos sabia o alfabeto inteiro, mas a parte que sabia ele repetia várias vezes com todo o seu coração e alma, um brilho elevava-se sobre ele. Ele falou as letras com *kavana. Kavana* pode significar "concentração", "concentração focada" ou "intenção." Alguns a relacionam à devoção e, neste caso, sinto que referem-se a uma devoção de coração inteiro. Todo o meu coração e a toda a minha alma – quem pode fazer isso?!

É bom ter histórias e mitos. Eles expressam emoções profundas da raça humana ou dos indivíduos, fazem com que você sinta algo que é real. Alguns tocam algo que você sente que está "todo" em você, um "sentido do todo" especial que traz maravilhas e lágrimas e alegria. Somos apenas sempre parte, e você sente esse "todo."

O Rabino Akiva aprendeu a ler e escrever quando tinha seus quarenta anos. Ele se tornou, como sabemos, um dos maiores místicos da *Merkabah*, místicos da carruagem-trono. Ezequiel anteviu anjos movendo-se sobre quatro rodas, com quatro asas e quatro faces (homem, leão, boi e águia) formando ou "guiando" uma carruagem que talvez tenha relação, de alguma forma, com o trono de Deus. Meditar sobre essa visão, anjos, rodas, carruagem, faces, trono, era um "passeio" puro com Deus, era um puro guia para Deus, a carruagem sagrada representando uma ligação direta com o trono de Deus. O Rabino Akiva pode ter sido um místicode renome da carruagem-trono, mas era ainda mais do que isso. Ele morreu nas mãos dos romanos. Fortes proibições foram impostas após a destruição do segundo templo, restrições sobre a observância e as preces judaicas. Ele era um grande professor e tinha seguidores. Contam que ele foi crucificado, talvez queimado, mas o que é central na história é que, como parte do procedimento comum, os soldados romanos arrancaram sua pele. Eu o imagino crucificado, em chamas. E enquanto sua pele era esfolada e a morte era iminente, dizem que ele agradeceu a Deus por haver lhe dado a chance de conhecer e viver "*m'odekha*" (força). "Durante toda a minha vida amei a Deus com todo o meu coração e com toda a minha alma. Sempre quis uma chance de amá-Lo com toda a minha força. Agora posso amar-Te com todo o meu coração, toda a minha alma *e* força." "*M'odekha*" tem muitas traduções e significados, *força* é um deles. Posse é outro – tudo o que você possui, material e espiritualmente, tudo que está em você, você todo. Outro significado ainda é o de amar a Deus tanto com suas inclinações boas quanto más, com seu todo. Em inglês, "força" tem uma ressonância com poder, resistência, tempo, possibilidade, tudo o que é possível, todo o ser e o potencial do indivíduo.

Essa história refere-se ao ápice da vida do Rabino Akiva, "Amo você com todo o meu coração e toda a minha alma e força, todas as coisas, tudo o que sou, meu tudo." Meu próprio corpo, minha própria pele, meu próprio ser são agora Seus nesse amor. O resumo do menininho recitando o *aleph*, uma aposta com devoção total. De certa maneira ele estava agradecendo aos romanos por permitirem que ele conhecesse o significado de *"mòdekha"* e por ajudá-lo a dar-se conta de seu potencial.

Cuidado com o lugar para onde o espírito lhe guia. Avalie bem. Este é um assunto sério. Mas em um sentido espiritual, psicológico, emocional, a maioria de nós – só posso falar por mim, mas, se vocês estão aqui hoje buscando espiritualidade, então aposto que muitos dentre vocês concordam – já se esfolou na infância.

Gostaria de fazer mais uma coisa antes do intervalo. Quando retornarmos, abordaremos mais o tema da psicanálise. Agora, gostaria de conduzi-los emuma pequena meditação guiada. Ela se baseia em uma história do Bal Shem Tov. Ele ia para um lugar na floresta para entoar suas preces. As gerações que vieram depois dele conheciam o lugar, mas não as preces. Gerações ainda mais tardias não conheciam sequer o lugar. Sabiam que havia um lugar e as preces, mas não sabiam nem onde nem quais eram eles. Por fim, as pessoas não conheciam nem mesmo a floresta.

Vou falar e ver se vocês conseguem encontrar aquilo que podem encontrar.

Meditação guiada

Imagine-se entrando na floresta. Você não sabe onde o lugar fica, você o encontra – não sabe como. Suas pernas, seus passos, foram levados a ele. Um sentimento vindo de algum lugar, talvez do seu peito, algo misterioso, difícil de reconhecer ao certo.

Você encontra o lugar e agora tenta lembrar as preces. As preces que vêm com o lugar. Agora pense profundamente, ouça profundamente. Qual prece ocorre a você? Encontre uma prece agora. Se não conseguir encontrar, invente uma. Deixe que uma venha até você, se puder; a sua prece. Deixe que venha de qualquer lugar. Deixe formar-se em você, deixe formar você.

Depois de encontrar sua prece, deixe que ela se vá. Lembre-se apenas do sentimento da prece. Fique com o sentimento da prece. Se você fosse morrer agora, seria este um sentimento com o qual você poderia morrer? Se não, remova-o, modifique-o. Meça-o. Encontre um sentimento com o qual possa morrer. Sinta esse sentimento. Deixe que esse sentimento seja o seu centro. Deixe que ele toque você. Toque-o. Esse sentimento é a sua vida.

* * *

Um pequeno intervalo

* * *

Há noções psicanalíticas sobre a ruptura – núcleos emocionais – que são compartilhadas com a Cabala. Mas, antes de adentrarmos esse assunto, não consigo resistir a pinçar algumas frases dos Salmos. Não sei se todos conhecem ou leem os Salmos. Uma das minhas maneiras de ler a Bíblia é sintonizar no veio, na corrente, no mundo emocional dramatizado pelos personagens em um momento particular. Se puder restringir o sistema de crenças por um tempo, se conseguir fazer isso, você encontrará conjuntos de emoções poderosas. Se não tentar nomeá-los apressadamente, mundos emocionais irão se abrir. Os Salmos são uma das maneiras mais rápidas de se alcançar alguns desses fortes sentimentos.

Aqui estão algumas frases aleatórias: "Minha ferida mina noite adentro sem cessar." "Minha alma recusa-se a ser confortada." "Meu espírito se enfraquece." "Mantém cerradas as pálpebras dos meus olhos." "Eu pulso de dor e não consigo falar." "Medito com meu coração e meu espírito busca diligentemente." Algumas das frases que me ocorrem têm a ver com profundidade. "Profundidade" é um grande termo na Bíblia. A profundidade associada a Deus e a nós: "Das minhas profundezas, clamo a Ti." "O Senhor procura pela minha profundidade oculta."

Não leva muito tempo para encontrarmos o caminho que leva até os sentimentos que esses seres humanos, que viveram há muito, expressaram. Pessoas que escreveram sobre a profundidade dos sentimentos. Profundidade humana. Profundidade de Deus.

Será que meu Senhor, meu Deus, vai me banir para sempre? Será que Ele não será mais favorável? Terá Sua bondade cessado para sempre? Terá Sua ira eliminado Sua misericórdia? Será que Ele age assim para aterrorizar-me, para levar-me até Ele? "Das profundezas do abismo clamo a Ti."

Aqui estão mais algumas frases: "Procure continuamente a presença do Senhor." "Vós haveis me colocado no poço mais fundo." Como continuar procurando a presença do Senhor se Ele nos colocou no poço mais fundo? Penso em Jó: "Sim, ainda que *me massacres, seguirei confiando* em Ti." De onde vem isso? Do masoquismo freudiano, da pulsão de morte? Sim, ainda que *me massacres, seguirei confiando* em Ti. Isso silencia a psicanálise. "Ofereças justiça aos solitários e aos órfãos." "Não desejas uma oferenda em cinzas. A oferenda que Te comprar é um espírito alquebrado, um coração partido e humilde." "Permita-me ter alegria no triunfo para que os ossos que quebrastes possam triunfar." "É em Tua luz que vemos a luz." "Reflitam em seus corações quando estiverem deitados em suas camas e fiquem tranquilos." "Colocas alegria em meu coração." "Todos aqueles que em Ti se refugiarem cantarão para sempre." "Cante uma nova canção para o Senhor (YHVH)." "Para o meu Deus cantarei enquanto estiver vivo."

Há uma expressão, "a montanha sagrada", que encontramos nos sutras e nos Salmos, em que as montanhas dançam e saltam com alegria. Montanhas saltitantes e dançantes são algo de que tanto o Zen Budismo quanto os Salmos falam. Tanta exultação que até as montanhas dançam, saltam e cantam.

Pode-se dizer que os Salmos nos oferecem um tipo de variação bipolar de emoções. As profundezas do desespero sem o Senhor, desprovidos da Santa Presença. O amado se foi, o Outro se foi. Winnicott descreve uma situação que chamo de "dimensão Z." Winnicott escreve sobre uma mãe que se afasta do bebê por um tempo X, depois retorna e o bebê está bem. A mãe afasta-se por um tempo X+Y, retorna, e o bebê está suficientemente bem; sofre um pouco, talvez, mas suporta. A mãe afasta-se por um tempo X+Y+Z, retorna, e o bebê está permanentemente mudado. Uma alteração permanente, do tipo que nos fala Freud em "Análise terminável e interminável" (1937c). Pode-se dizer que algo da criancinha se perdeu, adentrou a dimensão Z. Algo aconteceu e, se não é irreparável, oferece obstáculos terríveis. Nos Salmos, isso ganha expressão da forma mais pessoal, uma jornada da alma. Aqui – se foi. Onde está o Senhor? Onde está a Presença que sempre está aqui? Para onde foi o Senhor? Será que jamais conseguirei sair do inferno? Pior do que o inferno? Quando a presença retorna, a vida retorna. A alegria e o cantar retornam. "Vou deitar chorando e acordo rindo."

Parece que nos Salmos a dimensão Z pode ser reversível. A alma cai, sofre tormentos, morte, e retorna, viva, agradecida, com Vida novamente. Um modelo profundo para a terapia e para a vida cotidiana também. Penso em Freud afirmando que a presença dos sonhos nos dá esperança de que os estados psicóticos podem ser revertidos, uma vez que passamos por momentos psicóticos nos sonhos e depois acordamos para a vida cotidiana novamente. Fico tentado a dizer, também, que a presença dos Salmos nos dá a esperança de que os estados mais destroçados podem ser ajudados, por razões similares. Consciência onírica, percepção vazia, vida cotidiana em vigília – todas combinadas e misturadas de formas variadas – alimentam o mundo emocional colorido que faz com que nos sintamos vivos.

Uma coisa que o judaísmo oferece é uma impressionante variedade emocional. Suas emoções, suas emoções mais pessoais, o arco-íris inteiro, do inferno ao paraíso, seus corações quebrados, chorosos, que anseiam, alegres – não conheço qualquer literatura tão pessoal e emocional quanto a literatura bíblica. Bion extraiu muitas coisas dessa literatura. Uma delas é sua atração pelos mitos ou "histórias" em que algo de ruim acontece. Elas podem começar de maneira bem alegre. Por exemplo, a história da Torre de Babel: as pessoas trabalhando juntas para construir uma torre para o paraíso. O que poderia ser melhor? Quem não quer alcançar o paraíso? Parece uma coisa boa a se fazer, construir uma torre para entrar em contato com Deus. Construir como uma atividade cooperativa, pessoas trabalhando bem juntas. Por alguma razão, Deus não gosta disso e destrói a torre. O que parece ser uma boa intenção, ligar-se a Deus e aos outros, transforma-se em um desastre. Pessoas no caos, perda da linguagem comum, conexões perdidas, unidades perdidas. A dispersão se espalha, a fragmentação se espalha. O que podemos extrair disso?

Cuidado com as unidades? As unidades são perigosas? As unidades se rompem. As unidades explodem. Nós somos marcados por uniões explosivas? Por uma alternância entre conexões que se formam e se quebram? Um lembrete de que sempre há diferença, assim como união? Onde há união, a diferença se afirma (e vice-versa)?

Bion pergunta: o que as pessoas fizeram para merecer essa punição? Elas estavam se conectando, trabalhando juntas, e uma força destrutiva as detém. Bion chama atenção para a força destrutiva na vida humana. Deus desempenha o papel de purificador na história. Mas a tendência destrutiva faz parte dos seres, seja ela direcionada para fora ou para dentro. Deus expressa uma tendência humana. Uma configuração que conhecemos bem, mas que temos dificuldade de considerar e com a qual temos dificuldade de trabalhar. Fazemos um esforço criativo e cooperativo e alguma coisa o faz empacar, ameaça desfazê-lo ou deformá-lo. Em linguagem coloquial, costumamos dizer que nos "ferramos" ou "estragamos tudo." Fazemos um esforço conectivo e ele acaba danificado ou destruído. Penso no diabinho surgindo de dentro do peito de um homem na capa do livro de Georg Groddeck, *Book of the It*. Durante a Segunda Guerra Mundial estragos inexplicáveis foram atribuídos a um diabinho chamado Kilroy, "Kilroy esteve aqui."

[Digressão: um jogo de palavras peculiar – o nome Kilroy tem ligação com Kill-*roi*, matar o rei. Ou seja, não somos mestres (reis) de nossas próprias casas, mas sujeitos a deslizes, incertezas, viradas fracassadas de todo tipo, inclusive destruição diabólica.]

Talvez um aspecto dos impulsos destrutivos seja a necessidade de se estar livre de vínculos. Quero estar ligado, mas não muito ligado. Quero respirar livremente, nem muito ligado, nem muito desligado. Vínculos começam a se parecer com correntes com o tempo, e não há corrente melhor do que corrente alguma. Entre a claustrofobia e a agorafobia, filobatismo-ocnofilia (Balint, 1959). O que fazer com essa capacidade dupla, paradoxal? Eu a chamo de uma estrutura de distinção-união, uma estrutura dupla ou paradoxal para a qual contribuem tendências distintivas e de união (Eigen, 1986, 1992, 1993, 1995, 2011). Cada uma destas linhas ou tendências, distinção e união, tem sua biografia própria.

Algumas pessoas são mais uma ou mais a outra. Uma pessoa de união pode temer a distinção. Uma pessoa distintiva pode temer a união. Qualquer que seja o lado dominante, o outro lado irá se manifestar. Muitos filmes retratam dramas entre as tendências de distinção-união. Personagens diferentes retratam diferentes tendências. Pode haver um tipo de pessoa muito separada e um tipo de pessoa muito unida. Ao final do filme, cada uma faz um pequeno movimento em direção ao centro ou seu relacionamento explode e rui. Ambas as tendências podem ser explosivas ou ditatoriais, valorizando uma capacidade em detrimento da outra, alternando entre dissociações de colisão e afastamento.

A história de Babel apresenta estas duas tendências. No início somos unidos, cooperativos. Construímos, depois destruímos. Uma força destrutiva aparece. Provavelmente o atrito entre as diferenças ou o sufocamento da claustrofobia quebrem a unidade que existe dentro de nós e entre nós.

O pensamento cósmico nos diz que há forças destrutivas no universo. E, uma vez que somos parte do universo, a destruição opera dentro de nós. Há forças criativas no universo, a destruição é parte da mistura. Não sabemos o que fazer com as relações entre criatividade-destrutividade. Bion chama atenção para uma conjunção de tendências: nós construímos, unimos, trabalhamos juntos e, ao mesmo tempo, destruímos o que construímos. Eu costumava ver placas da Con Edison (uma companhia que fornece eletricidade) quando os trabalhadores estavam destruindo as ruas que diziam: "Precisamos cavar para fazer Nova York crescer."

Uma de minhas citações favoritas sobre o universo, do físico Eddington: "Algo desconhecido está fazendo não sabemos o quê." Algo que não sabemos o que é. Será que ouço *Ein Sof*? O desconhecido infinito dos infinitos, para o qual não há nem nome nem conhecimento, sendo nosso desconhecimento o único meio de aproximação? Como o desconhecimento e algo desconhecido pairam diante de nossa onisciência e onipotência? O desconhecimento se depara com nossa atitude sabe-tudo. Sabe-nada, sabe-tudo e algo entre os dois.

Eu tinha medo, durante a Guerra Fria, que os Estados Unidos ou a Rússia apertassem o "botão" da guerra nuclear por conta de um ponto de vista onisciente. Um ou outro lado pensaria, erroneamente, que sabia algo sobre o outro que, na verdade, não sabia. Por exemplo "saber" que a Rússia estava prestes a apertar o botão, de modo que nós deveríamos apertar o botão antes. Bem, graças a Deus isso não aconteceu. Mas uma versão disso aconteceu no Iraque. Um sinal ou um pretexto de que sabíamos algo sobre o Iraque que nós não sabíamos, imaginando que Saddam Hussein possuía armas de destruição em massa que nos ameaçavam. E isso vai adiante. O uso psicopático da onisciência para conseguirmos o que queremos. O uso psicopático da onisciência e da falsa onipotência. Nós, protetores da democracia, valentões também, os mais fortes, o Número Um, a nação mais poderosa da história mundial etc. Muito do que atribuímos a Deus aplica-se a nossos próprios estados e atitudes. Onisciência e onipotência, por exemplo. Aplique-as a si. Como a dupla onisciência-onipotência funciona em sua própria vida? Como ela lhe ajudou a chegar até onde chegou? Qual o papel que a megalomania desempenha na criatividade? Como ela ajuda? Como ela atrapalha? Todos temos que fingir saber mais e ser mais fortes do que somos (e talvez mais fracos também) para atravessarmos a infância e até mesmo para realizar nossas tarefas diárias.

Bion extrai uma mistura de tendências de histórias bíblicas como as do Éden e de Babel. Curiosidade, fruto bom, desejo, querer ser como Deus – algo mau acontece. Desejo-punição, ou, nos termos de William Blake, inocência-experiência. O bom tornando-se mau é uma estrutura básica que a Cabala Luriânica e a psicanálise bioniana compartilham. Ambas se movem em direção a realidades catastróficas. Bion reflete a Cabala Luriânica ao retratar o trauma e a origem psíquica através da imagem do Big Bang, um despedaçamento psíquico constitutivo. Ele relaciona a imagem do Big Bang com um início explosivo da vida psíquica e também com o nascimento da psicose (Bion, 1970, Capítulo 2; Eigen, 1998, Capítulo 3). No caso da psicose, ele retrata uma explosão (trauma), com pedaços e peças da personalidade flutuando no espaço a uma velocidade cada vez maior, distanciando-se cada vez mais uns dos outros e do ponto da explosão (O, origem). Vínculos fracos possivelmente se perdem na medida em que a dispersão aumenta. A catástrofe liga a personalidade, unificando-a. Alguns desses pedaços e peças podem aparecer inesperadamente no consultório e atingi-lo, e você pode tentar falar deles e atribuir-lhes significado. Mas você pode correr antes de estar com a bola. Os estilhaços e as peças da personalidade explodida flutuando na sala podem não estar tão impregnados de significado como os destroços ou a carga de um navio lançada ao mar que sugerem um longo pedido de SOS, como um grito fraco que vai desaparecendo com o passar do tempo (Eigen, 2002, pp. 151-155). Vocês podem estar lançando palavras ao vento, uma vez que o pedaço ao qual se dirigem continua a escapar-lhes. Simplesmente aconteceu daquilo passar pela sala naquele momento. Ainda assim, os restos evanescentes podem ter valor como sinais passageiros de um processo catastrófico há muito iniciado e que ainda está em curso.

O valor terapêutico dessa descrição está na importância de se dedicar atenção aos processos explosivos originários. Sintam o impacto, um significado implícito que pode ser traduzido mais ou menos assim:

> *Sou uma catástrofe em processo. Minha personalidade é catastrófica. Algo de horrível aconteceu, está acontecendo. Estou passando por um estado de desintegração, solto no espaço. Estou acontecendo para mim; sou uma perturbação constante para mim mesmo.*

Uma caixa preta ou um buraco negro está enviando um sinal de SOS de longo alcance. Está sinalizando que a destruição não tem fim. Se você está ficando frustrado porque o paciente não está melhorando, talvez você esteja tentando demais ou trabalhando com algo que não está disponível. Talvez, parte do que precisa acontecer seja conviver com a explosão, ouvir o SOS.

Um exercício cabalístico sugerido pelo Rabino Nachman é: ouça, escute o grito. Há um grito no interior. Está desvanecendo, desaparecendo, talvez já tenha desaparecido. Mas quando você ouve, fica cada vez mais alto. Fique com aquele grito, um grito inaudível do ser de seu paciente, talvez de seu próprio ser também.

O que fazer com um adulto gritando, com um bebê gritando? O grito é o sinal de um sofrimento que não pode ser abordado por aquele que grita. Um sofrimento que o adulto ou o bebê não podem solucionar; uma perturbação insolúvel. E é aí que você entra. Não que você tenha uma solução rápida ou coisa do tipo. Mas você está preparado para permanecer com aquele grito por décadas, para conviver com a perturbação insolúvel, fornecendo um solo. O suporte de um solo para que algo cresça nele ao longo do tempo.

Então, catástrofe, explosão – um tema de grande importância em Bion e na Cabala. O estilhaçar dos recipientes, o estilhaçar da personalidade. O que o psicanalista pode oferecer diante desse acontecimento catastrófico e da perturbação persistente?

Bion chamava a psicanálise – por exemplo, a psicanálise à qual se submeteu com Melanie Klein – de uma catástrofe. Ele fala da psicanálise como uma catástrofe à qual se deve sobreviver.

Qual é o estado ou atitude que ele contrapõe à catástrofe? Para Bion, a atitude, o estado e a disposição com os quais lidamos com a catástrofe é a Fé. Não "*K*", não o conhecimento. Ele não é anticonhecimento. O conhecimento desempenha um importante papel no trabalho dele. Mas é a Fé que ele apresenta como o único estado do ser capaz de confrontar a catástrofe (Eigen, 1993, Capítulos 11 e 17). Ele cria uma notação especial para expressar isso: F em O, onde O significa a realidade última desconhecida; particularmente na psicanálise, realidade emocional. Ele dá o nome de Fé à atitude psicanalítica, que inclui a disciplina de se estar sem memória, expectativa, compreensão ou desejo. Um paradoxo: a psicanálise como algo catastrófico, a atitude psicanalítica (F) como a maneira de lidar com essa catástrofe.

Algo no trabalho de Bion remete às *Confissões* de Santo Agostinho. Passa-se por tudo com Agostinho. Ele se torna obsessivo. Devo ir a uma peça de teatro? Fazer sexo com minha namorada? Não sou totalmente devotado a Deus se eu for assistir a uma peça e fizer sexo. Ele amava peças, amava sua namorada, mas sentia que Eros e o teatro entravam em conflito com seu amor por Deus. Em cada capítulo ele atravessa conflitos terríveis. Exercita o pensamento, mas a vontade fracassa. A razão não é o bastante, mas ele a leva o mais longe que pode. Há suspense espiritual, suspense humano. No início do capítulo, você não sabe o que vai acontecer. Talvez você "saiba" cognitivamente, mas Agostinho carrega você ao longo do capítulo, emocionalmente. Você está num suspense emocional e em crise. Todo o conhecimento dele parece inútil em face das dificuldades obsessivas. Útil até certo ponto; depois, um limite. Os capítulos terminam com a razão caminhando para a Fé, para o amor: Oh, meu Deus, eu Te amo. Você está onde quer que eu esteja. Estás em minha ansiedade, em minha incapacidade de ajudar a mim mesmo, em meu abismo; estás em meus problemas insolúveis, em minha insolubilidade. Onde quer que me encontre, lá estás. Todo capítulo termina assim. Agostinho encontra Deus em todos os lugares. Onde quer que ele esteja, Deus está lá. Uma pequena lembrança do ápice do momento místico de Jó – apenas Deus! A Fé em si mesma.

Para Bion, a Fé é a atitude psicanalítica. Muitos clínicos associam psicanálise com conhecimento, compreensão, *insight* (K). Muitos leitores de Bion enfatizam K. Mas, na medida em que o trabalho de Bion se desenrola, F assume uma importância central. Em meus escritos sobre o tema da fé em Bion (1993-1988), tento chegar a uma conclusão a respeito das relações entre fé e conhecimento, um esforço contínuo. Uma certa primazia da fé emerge e situa o conhecimento. Grotstein (2007) é um dos poucos que vê esse aspecto do trabalho de Bion e o amplifica (por exemplo, em seus escritos sobre o tema de fundo ou Presença da identificação primária). Bion enfatiza o que não é conhecido em uma sessão. Uma sessão versa sobre aquilo que não conhecemos. Lidamos com impactos desconhecidos. A fé é uma abertura para o desconhecido.

O que, na face da Terra, pode a fé fazer diante de realidades catastróficas, grandes *bangs*, pequenos *bangs*, explosões, estilhaços, fragmentos, centelhas? Para Bion, na fé nós não sabemos, mas seu chamado para a abertura faz algo *conosco*. Volto a um momento da história de Jó: "Ainda que me massacres, em Ti confiarei." Um momento de fé bioniana. Um processo de transformação que Jó inadvertidamente vivenciou, descamando camadas da percepção, pele mística.

Bion refere-seà realidade desconhecida como "O" e escreve sobre a Fé como O. O pode ser catastrófica. Dá ensejo a muitos tipos de impactos. O Cântico dos Cânticos registra impactos de O em outro tom, em termos de um anseio erótico e de felicidade mais do que em termos de uma catástrofe iminente. Em um certo sentido, O é o desconhecido de Eddington fazendo não se sabe o quê. Podemos argumentar que há ressonância entre O e *Ein Sof* no que diz respeito a seu caráter incognoscível. Em um sentido profundo e fértil, Bion é o guardião do desconhecido.

Em *Cogitaçãoes* (1994b, pp. 323-325; Apêndice 4: O-gramas), Bion propõe dois O-gramas (termo meu), um tipo de árvore da vida que começa apenas com O no fundo, fazendo surgir aventuras criativas cósmico-humanas, frutos. De certa forma a descrição de Bion complementa a árvore da vida da Cabala (os *sephirot*), que começa do topo e flui para baixo; *Ein Sof* encontra-se além do topo, acima dos *sephirot* que canalizam para baixo e fazem fluir a vida divina. [Apêndice 1: *Ein Sof* e os *Sephirot* (Árvore da Vida)]. O segundo O-grama de Bion (1994b, p. 325; Apêndice 4: O-grama n. 2) tem setas apontando para baixo, de todos os frutos criativos em direção a O, que permanece só no fundo. Considerando os dois O-gramas juntos, podemos visualizar um fluxo criativo de baixo para cima, de cima para baixo ou em todas as direções. Aquilo que aprendemos ou descobrimos ou criamos nos níveis mais elevados retorna a O, gerando ainda mais criatividade.

Enquanto a energia emana de cima para baixo nos *sephirot* e de baixo para cima no O-grama de Bion, há um fluxo multidirecional de possibilidades. Marion Milner gosta de apontar que a energia flui em ambas as direções, de cima para baixo, de baixo para cima. Isso também é inerente às descrições de Bion e da Cabala, acima ↔ abaixo. Mas há uma diferença nas representações que deve ser apontada: O embaixo, *Ein Sof* no topo.

Os O-gramas sugerem um profundo monismo; transformações em O que estão em curso no ventilar criativo da vida através da experiência e suas expressões. Bion escreve que está interessado na poesia da vida, no espírito poético e, no entanto, as raízes da poesia estão na linguagem. E a linguagem? Ele pergunta, "O que é importante? A raíz? A flor? O germe? O conflito? A durabilidade?" (1994, p. 323; Apêndice 4). Ele acrescenta que qualquer outro domínio da experiência pode ser substituído por categorias que ele propõe. A visão pode ser "substituída por gosto, toque, cheiro, som etc.; desde o infrassensual até o ultrassensual" (p. 325). Bion deixa em aberto como se pode retratar o domínio experiencial particular constituído pela psicanálise. Talvez ele tivesse raízes e galhos, ou, como alguns poderiam dizer, crescesse mais como um rizoma. A grade de Bion (1994b, p. 295; Apêndice 5) pode ser uma tentativa de representar aspectos do domínio psicanalítico, mas tentativas expressivas ainda estão em processo. Quaisquer que sejam as representações que você privilegie, para Bion a experiência psicanalítica convida à exploração por si só.

Seja *Ein Sof* no topo ou O embaixo, Bion protege o desconhecido e a Fé, para ele, é uma atitude de aproximação do desconhecido: uma fé radical diante da dizimação. Ele fala até em sofrer alegria, construir a capacidade de sofrer alegria. Poder-se-ia presumir que a alegria é fácil de se manter. Mas, na perspectiva desenvolvida por Bion, nossa capacidade de suportar e processar qualquer estado afetivo está em falta. Cuidado, desenvolvimento e tempo são necessários para digerir a vida emocional e ver para onde ela pode ir. Quando ele escreve que cada sonho é um sonho abortado, ele quer dizer que cada afeto é um afeto abortado – parcialmente abortado. Ele escreve como se o mundo afetivo fosse difícil de manter, como se não pudéssemos tolerar e não soubéssemos o que fazer com nossos sentimentos. Em geral, interrompemos o que estamos experimentando, nos desviamos, escapamos, recanalizamos, atuamos, somatizamos e nos engajamos em uma luta criativa. Nosso sistema psicofísico produz estados que ele mesmo é incapaz de processar; suas produções estão à frente de sua habilidade de digeri-las e utilizá-las. Em casos extremos, nosso próprio impacto sobre nós mesmos pode nos matar ou nos deixar doentes. Nós, às vezes, caímos enfermos, até morremos por conta da intensidade ou estranheza de sentimentos, em alguns momentos pela falta de um sistema de referência para a experiência. Em uma de suas imagens, Bion sugere como algo análogo a isso o sangrar até a morte em nossos próprios lençóis. Em qualquer dado momento, nossas funções K podem não estar à altura da tarefa de entender o que está acontecendo conosco, entender inclusive o efeito que causamos sobre nós mesmos. Ainda assim, quão preciosos são os momentos de compreensão, de perceber uma experiência da melhor maneira que podemos – ver o inesperado desdobrar da vida enquanto nos debatemos com ela, enquanto a servimos.

Recebi recentemente uma reportagem através da internet que detalhava o progresso que as pesquisas em esquizofrenia têm feito, enfatizando imagens neurais e tratamentos químicos. No entanto, o relato terminava dizendo que não podemos confiar nas intervenções essencialmente biológicas que o estudo louvava – como, por exemplo, o fato de que não há nada que possamos encontrar na neuroimagem que nos indique o que fazer com um indivíduo psicótico na vida real. Há complexidades e lacunas demais, e possibilidades em curso. Retornamos a algum lugar desconhecido. Fazemos experiências com medicamentos e às vezes eles nos são de grande ajuda. Não sou antimedicamentos. No entanto, é bom termos em mente que há aspectos desconhecidos naquilo que estamos medicando.

Isso é verdade até mesmo no caso da luz elétrica. Posso ligar ou desligar a luz, mas não sei como ela funciona. Um eletricista sabe. Mas se você o pressionar, dizendo "Fale-me mais sobre eletricidade", em algum momento ele vai chegar ao fim do conhecimento dele, talvez até bem rápido. Que diabos é a eletricidade? Fazemos muito com muitas coisas, tendo um conhecimento muito parcial sobre como elas funcionam ou o que são capazes de provocar. Os cientistas nos dizem que a maioria da matéria do universo é desconhecida, não sabemos o que ela é. Se isso é verdade em relação ao universo físico, seja lá o que queremos dizer com físico, será ainda mais em relação ao psíquico e espiritual. Podemos ligar e desligar interruptores, mas o que estamos ligando e desligando permanece um mistério.

Podemos ter uma boa sessão de meditação e abrir um canal. Mas com o que estamos mexendo? Podemos retratar a fé como um órgão intuitivo, uma atitude através da qual tentamos encontrar aquilo com o que mexemos – a fé como um canal aberto diante de tudo. Ou o que quer que possamos processar deste tudo. Quanta vida podemos suportar, nossa vida frágil e explosiva, a sós e em conjunto?

Um só – todos um. Todos são um – a sós. Para trás e para frente, um tipo de batimento cardíaco psíquico. Ora isso, ora aquilo. Construindo a torre de Babel, destruindo-a. Deus – sem Deus. *Self* – sem *self*. Para trás e para frente, ambos juntos, termos de constantes conjunções, tendências duais, capacidades, estados, momentos.

Talvez estejamos tentando desenvolver um outro modo de pensar, uma atitude mais inclusiva. Não apenas isso ou aquilo. Não fomos muito longe nesse caminho. Brigamos por causa de crenças em vez de compreender as crenças como sinais, bipes de ritmo mais espaçado sobre os quais temos apenas pistas. Buda não tomou posição a respeito de vários sistemas de crenças – seria a alma eterna? Qual é a natureza última do universo? Quando fortes crenças ganharam visibilidade, crenças sobre as quais as pessoas brigam, Buda pôde dizer: "Não sei, não posso decidir. Não é relevante para você, para o seu crescimento como pessoa. Pratique. Continue praticando." Tantas questões insolúveis. Tanto por fazer. Um trabalho interminável consigo mesmo, tentando abrir, ajudar em vez de ferir. Buda era um pouco como Freud quando diz que a associação livre irá liberá-lo do *karma*. (Donald Levy, Professor Emérito de Filosofia do Brooklyn College, sugeriu essa ideia.)

Somos feitos de sistemas rígidos e persistentes capazes de passar por quase tudo. E, no entanto, somos também frágeis. Frágeis, maleáveis, resistentes e resilientes. Seres flexíveis, rígidos. Nunca se sabe quando e o quê vai ruir. Um colapso psicológico, um colapso somático. Sintomas psíquicos, sintomas somáticos. Tantas tensões, a tensão de se estar vivo. Somos problemas insolúveis. O próprio sentimento de vitalidade pode ser um problema sem solução. Como dosar a vida emocional, canalizar a vitalidade. Como trabalhar e viver com vitalidade é algo desconhecido que estamos experimentando, tentando; algo com o qual estamos trabalhando.

Tocamos vários temas de Bion: catástrofe, fé, dosagem, realidade desconhecida, O. Quanto de nós mesmos podemos suportar e com que qualidade? Há ainda outros temas para os quais talvez não tenhamos tempo. Um deles são as transformações. Tanto a Cabala quanto Bion estão interessados no que Bion chama de transformações. A transformação é parte da experiência mística ou espiritual desde a antiguidade, e mesmo antes. Pinturas nas cavernas de 32.000 anos atrás sugerem impactos transformativos. Um arqueólogo interrogado no filme de Werner Herzog, *Caverna dos Sonhos Esquecidos*, sugere que sejamos renomeados *Homo spiritus* em vez de *Homo sapiens*. Diferentes abordagens das transformações poderiam ser tema de um seminário próprio.

No primeiro O-grama (Bion, 1994b, p. 323; Apêndice 4), O se transmuta em Raíz, que se transmuta em Instrumento (ferramentas), Deus, Pedra, Linguagem, Tinta; que dão origem à música, à religião, à escultura, à poesia e à pintura. Você pode fazer sua própria árvore-O, expressando os veios criativos que sejam mais importantes para você. O corre por eles, dá ensejo a todos eles. Outro significado para O: Um. Ou Outro. Você pode chamá-la de espírito criativo. Mas é inominável. O Um, o muitos. Todas as atividades do gênero humano ramificando-se a partir de uma subestrutura desconhecida. Você é um ramo-O feito de processos-O. Uma conjunção paradoxal ou sincronia do Um com o Outro.

No segundo O-grama (Bion, 1994b, p. 325; Apêndice 4), O dá origem à Cabeça de Deus e aos Análogos, que dão origem aos elementos-beta, que dão origem aos elementos-alfa, que dão origem à imagem pictórica e a representações que dão origem ao cavalo e ao ideograma. Todos esses processos apontam de volta, fluem de volta para O.

Entre a imagem e a coisa em si, Bion situa a função-alfa desconhecida. Um termo sem sentido para notar algo que transforma a percepção através da imagem em nomear básico. Ele chama de nome uma hipótese que junta as coisas. Já estamos pensando, sentindo, percebendo na esteira de mais pensar, sentir, perceber. Experiências emocionais são expressas através demitos e sonhos, a um só tempo ideogramas e narrativas, com mais transformações abstratas por vir (1994b, p. 295, e Apêndice 5: A grade de Bion).

A meditação sobre os O-gramas de Bion abre campos ricos a serem explorados, emanando de uma realidade desconhecida (Cabala: *Ein Sof*). Para a psicanálise, uma realidade emocional desconhecida que Bion descreve como infinidade: "A realidade fundamental é 'infinidade', o desconhecido, a situação para a qual não há linguagem- nem mesmo uma que seja tomadade empréstimo pelo artista ou pelo religioso – que sequer chegue perto de descrevê-la" (1994b, p. 372).

Como a psicanálise, que nos dizem repetidas vezes ser uma terapia verbal, toca o infinito desconhecido, a realidade sem palavras? Todos os tipos de transmissões emocionais desconhecidas ocorrem durante a terapia. Não é preciso que se esteja falando para que elas ocorram. A presença solidária, a atmosfera de fundo, o tom, a textura, têm um impacto ao longo do tempo que pode ser mais importante do que qualquer coisa que se diga. A combinação de palavra e atmosfera é parte da sopa, parte dos ingredientes. Mas Bion se atém ao dilema de que a realidade básica com a qual trabalhamos é uma infinidade desconhecida: nós mordiscamos fragmentos e pedaços de realidade emocional desconhecida e infinita. É libertador sentirmos que somos mordiscadores, às vezes glutões. Sempre qualificados por mais mordiscadas. Fazemos nossas declarações, temos nossas próprias crenças e convicções. Usamos o DSM para os planos de saúde e, em parte, para a educação. Mas nossas declarações, crenças e categorias são espinhas de uma profunda atração emocional ou presença que não tem início nem fim e em relação à "qual" não sabemos aonde estamos. Nos colocamos à "sua" disposição.

Devo fazer um resumo de alguns temas que se sobrepõem em Bion e na Cabala: catástrofe, Fé, intensidade de afeto, estilhaços e transformação. A grade e os O-gramas de Bion são como inversões dos *sephirot*. Se tivéssemos tempo, poderíamos nos ater ao *sephirot* e à grade e aos O-gramas de Bion e ver como eles se relacionam. Eles estão como que de cabeça para baixo uns em relação aos outros, por assim dizer. Mas os *sephirot* estão todos inter-relacionados e todas as partes da grade e dos O-gramas de Bion estão inter-

-relacionados. Pode-se movê-los de cabaça para baixo, de baixo para cima, de um lado para o outro e encontrar transformações intrincadas e combinações. Algo como a canção infantil: Hashem está aqui, Hashem está ali, Hashem está realmente em todo lugar, em cima, em baixo, em volta, eis onde Hashem pode ser encontrado (Hashem – o Nome, que significa Deus). Aparentemente, há fluxos direcionais em um dado momento, mas, se olharmos mais de perto, veremos redemoinhos, outros fluxos multidirecionais, em todo lugar e ao mesmo tempo. Talvez essa "oni-direcionalidade" seja parte do que torna as pessoas paranoicas.

No tempo que nos resta, gostaria de mencionar outros aspectos da psicanálise que têm ressonância com o tema do estilhaçamento. Na descrição que Winnicott faz (1992, Capítulo 34; Eigen, 1993, Capítulo 11) do "uso do objeto", ele retrata o bebê destruindo a mãe em fantasia. Em um ataque destrutivo, o bebê corre o risco de destruir o outro mentalmente. De acordo com Winnicott, muita coisa depende do desfecho desse drama. No melhor desfecho, Winnicott visualiza a mãe sobrevivendo aos ataques do bebê de uma forma não retaliatória, mantendo sua integridade como pessoa e não entrando em um colapso de maneira reativa. Ela sobrevive à destruição intacta, sem desmoronar, ficar diminuída ou introduzir a culpa. A mãe passa pela experiência com o bebê superando-a de modo suficientemente bom. Isso faz com que o bebê experimente um sentido novo de alteridade. O outro está além de seu controle onipotente, é real, e esse senso de realidade é espiritualmente gratificante e pode ser usado para propósitos de crescimento.

Nem todos os desfechos são tão ótimos. Não somos todos tão bons quanto a mãe winnicottiana. Nós deformamos, temos brancos, caímos aos pedaços, ficamos com raiva, com medo, impotentes, nos autoapagamos ou desaparecemos. Em um dado momento, posso não conseguir ser tão bom em sobreviver à destruição. Às vezes, não consigo suportar muitas coisas e me retiro ou congelo, ou me escondo por um momento, ou digo algo inapropriado. Mas, com o tempo, eu me reorganizo e retorno. Pode-se dizer que sobrevivi à destruição do paciente com o passar do tempo, ou em um determinado momento. Gradualmente, aprendi a lidar com o fato de que posso não ser capaz de suportar muita coisa, que a atenção vem e vai. Às vezes um paciente pensa que eu estou olhando para o relógio quando eu posso estar na verdade desvanecendo, olhando fixamente para o entorno. Mas eu retorno. "Oi, voltei!". Às vezes, quando alguém me compreende, pode ver – "Oh, ele voltou." Se os pacientes sobrevivem a mim por tempo suficiente, eles aprendem a me dar um tempo. Podem ficar bravos ou expressar o que sentem, sabendo que eu vou e volto. Precisamos aprender a dar um tempo um para o outro se vamos sobreviver um ao outro. Eu volto, mesmo. Essa é a nossa tarefa. Podemos fazer isso. Nos mantemos em reforma, em remodelamento (Eigen, 1995).

Meltzer (Meltzer, Hoxter, Bremner & Weddell, 2008) descreve o que ele chama de desmantelamento da atenção em crianças autistas. Alguma coisa que as machuca acontece e elas se "ausentam." Para onde elas vão quando se ausentam? Meltzer sentiu que havia uma ligação entre o ir e vir da criança e a ansiedade de separação: por exemplo, as férias do analista que se aproximam, um intervalo na terapia, ou outra ameaça de abandono. A ameaça de quebrar a ligação entre criança e terapeuta se transforma em uma mente paralisada. O medo de que o analista vá embora pode precipitar estados de ausência na criança. É difícil de acreditar que possa ser sempre assim, mas, seja de vez em quando ou com frequência, uma conexão é estabelecida entre a ausência e o desmantelamento da atenção, estados de ausência. Quando ameaçada de forma grave o bastante, a mente desaparece, fica em branco, fica dormente, some. Minha experiência é a de que o trabalho da mente com o tempo é também uma resposta à dor emocional ou a ameaça de dor (nos estados psicóticos, a ameaça é a realidade). A mente aumenta a velocidade, torna-se hipervigilante, como se procurasse por uma resposta, correndo para encontrar uma saída. Excesso de velocidade se transforma em desaparecer; correr-ausência. Algumas crianças autistas giram, rodam e rodam o mais rápido que podem. Crianças "normais" também fazem isso. Mas, no autismo, sentimos algo mais desesperado. Sente-se que a mente está dando voltas, depois parando. Crianças que giram podem estar vivenciando um estado alterado, uma forma diferente de consciência, transcendendo por um momento a consciência dolorosa comum, descamando uma pele mental, parando as ansiedades da vida, dissolvendo fronteiras e frustrações. Talvez essas sejam algumas das razões que fazem com que os piões sejam tão fascinantes.

A ligação que Meltzer faz entre ansiedades de separação e estados de ausência tem ressonância com a descrição de Fliess (1973) sobre "dar um branco" quando uma memória traumática ameaça aparecer, "branco" como uma resposta ao trauma. Nós encontramos maneiras de desmantelar a atenção diante de uma ameaça psíquica. Ao mesmo tempo em que é importante relacionar a ameaça e a perda da atenção, muitas vezes o ir e vir dos estados parecem mais caóticos e desordenados. Em geral, não se tem uma pista. Em geral, você vai e volta nas sessões e, algumas vezes, você consegue fazer uma ligação com o modo como o paciente está lhe afetando ou com ameaças vindas de seus próprios estados internos. Ao mesmo tempo, pode ser útil ter uma noção de como o ir e vir afeta o paciente. Ameaças psíquicas são uma via de mão dupla. Uma parte importante da terapia é sobreviver às ameaças e ausências mútuas, quebras de contato e hiperimersões no contato. Uma de nossas forças, a virtude, é que nós realmente, na maior parte do tempo, voltamos, mesmo que demore uma semana, um mês, um ano ou um minuto. Nós vamos e voltamos. Somos feridos e nos recuperamos. Esse é um ritmo que nós modelamos inconscientemente para o paciente. Eles também quebram, e voltam.

Winnicott (1992, Capítulo 21; Eigen, 2004, Capítulo 2) escreve sobre passar por um tipo de colapso e recuperar-se nas sessões. O analista faz algo que é experimentado como traumático e o paciente passa por um colapso temporário. No final da sessão, ou em algum ponto da terapia, uma recuperação espontânea ocorre. Um ritmo de dor e recuperação. Winnicott acredita que, em tais momentos, nós mergulhamos em estados de loucura, estados desorganizados, e aprendemos a suportá-los melhor. A terapia, de certa maneira, é a prática de enlouquecer e tirar o melhor disso. Tais momentos podem ser precipitados inadvertidamente pelo terapeuta, por exemplo, ao dizer a coisa errada; ou por estar sem sintonia sem perceber, por não estar lá.

Winnicott me contou sobre um momento desses. Uma paciente com a qual ele vinha trabalhando há algum tempo queria centralizar a imagem dele em um espelho de mão. Ele estava atrás dela e, enquanto ela tentava centralizar a imagem dele, ele podia ver que estava fora do centro. Ele se mexeu para ajudá-la a colocar sua imagem no centro do espelho e percebeu imediatamente que tinha cometido um erro. Na próxima vez que ela veio vê-lo, ela disse, "Sabe, se aquilo tivesse acontecido seis meses atrás eu teria voltado para o hospital." Ela havia entrado e saído do hospital algumas vezes e eles estavam trabalhando em áreas frágeis de sua personalidade. Já havia sido feito o suficiente para que a paciente tolerasse erros. É importante ser capaz de tolerar o fato de se estar fora de equilíbrio. De qualquer forma, quem é equilibrado?

Talvez a mãe dessa mulher não pudesse tolerar momentos de desequilíbrio que fazem parte da criação de uma criança. Talvez ela precisasse estar no centro da vida de sua filha. Será que a paciente de Winnicott o estava testando, vendo se ele podia tolerar não estar no centro, se ele podia tolerar que ela o mantivesse fora de equilíbrio? Tais momentos são, em geral, paradoxais; tocam diferentes tendências simultaneamente. Às vezes, precisamos tolerar ser o centro; às vezes, precisamos tolerar estar fora do centro, ou, como Woody Allen retrata em um de seus filmes, "fora de foco." Em foco, fora de foco, no centro, fora do centro.

De volta ao uso do objeto, onde o outro é potencialmente descartado pelas fantasias destrutivas do bebê, mas, ainda assim, de alguma forma retorna, reforma, sobrevive, trabalha o acontecido, compreende, pensa a respeito – tudo isso, na maior parte de maneira inconsciente, destilado em uma resposta sentimental espontânea. Um ritmo de impacto-resposta. Esse paradigma pode ser aplicado a muitas situações e interações: mãe-bebê, paciente-terapeuta, interações políticas, interações entre parceiros íntimos. Clare Winnicott (comunicação pessoal) sentia que esse paradigma descrevia uma parte importante de seu casamento com D. W. Winnicott, o modo como viviam. Gostaria de acrescentar o que me parece ser um nó qualificador útil. Pode ser que a resposta de uma mãe, de um parceiro, de um terapeuta, esteja inadequada, muito ou pouco, mas aí a pessoa ajusta a resposta, aproxima-se um pouco de fazê-la ficar "certa", ou melhor, suficientemente boa. Há variações no modo como respondemos às fantasias e suas expressões e aos desejos destrutivos uns dos outros. Às vezes nós acertamos, percebemos a comunicação, sentimos o que está inadequado e respondemos bem. Em outros momentos, perdemos o bonde, seja por incapacidade, fadiga ou por nossas próprias tendências reativas e necessidades destrutivas. A mãe tenta isso, aquilo, uma resposta não funciona, ainda tenta, uma resposta funciona um pouco melhor, depois ainda melhor. Por fim, o bebê para de chorar. Devo ter feito alguma coisa certa, suficientemente boa.

Aquilo que está em jogo é mais do que achar que o bebê está com fome quando está molhado, ou molhado quando está com frio e assim por diante. Não se trata de estados de fome, sono ou térmicos – embora pudesse até ser –, mas de sentir os estados, as atitudes e disposição. Eu sinto x e ela pensa que sinto y. Sinto-me amedrontado e ela acha que estou feliz. Estou furioso – será que ela suporta minha intensidade? Será que minha mãe pode sobreviver a mim, e com que qualidade? Será que conseguimos sobreviver um ao outro? Será que sobrevivemos a nós mesmos – podemos sobreviver ao nosso próprio sentir a vida – e com que qualidade?

A ênfase de Winnicott recai sobre o outro sobreviver aos meus sentimentos destrutivos. Se você está em uma parceria com alguém – um casamento, um relacionamento profundo –, vocês terão que aprender a sobreviver às suas destrutividades direcionadas a um e ao outro. Sobreviver à destruição é crucial, essencial para a sobrevivência do relacionamento. A qualidade com a qual vocês sobrevivem às necessidades destrutivas um do outro é crucial para a qualidade e para a evolução do relacionamento. Lembro-me de André Green dizendo que todo relacionamento é conflituoso – a questão é: o conflito leva ao crescimento ou não? Bion e Winnicott tocam em uma questão central, os desejos destrutivos como parte dos relacionamentos. Talvez desejos destrutivos e impactos potenciais sejam parte de todo relacionamento. É à destruição que podemos sobreviver com uma qualidade que faz com que a vida valha a pena e permita o crescimento?

Para complementar Winnicott, que escreve sobre o outro que sobrevive aos meus desejos destrutivos, Bion (1994b, p. 104; Eigen, 2004, Capítulo 2) escreve sobre eu ser assassinado e ficar bem. Ser assassinado pelo outro e estar tudo bem. Esse pode não ser um lugar fácil de se chegar, mas não é uma impossibilidade. Você aprende como alcançá-lo ao longo de sua própria vida; algumas vezes melhor, outras, pior. Todo processo tem variações. Como ser morto, sobreviver à destruição e ainda estar lá para si e para os outros. É uma capacidade libertadora a ser desenvolvida. Ela ajuda a pessoa a libertar-se de si mesma e a ser mais hábil com os outros. É uma dupla destruição, um duplo estilhaçamento que Winnicott e Bion estão planejando: você sobrevive a mim, eu sobrevivo a você. Eu sobrevivendo à sua destruição de mim, você sobrevivendo à minha destruição de você. Eu acrescentaria: eu sobrevivendo a mim, você sobrevivendo a você.

Se a psicanálise tivesse contribuído apenas para a evolução da vida psíquica e da cultura, isso já teria sido mais do que suficiente. Essa tendência dual básica dos relacionamentos nunca foi apresentada de maneira tão clara, sucinta e desafiadora, com fantasias elaboradoras para acompanhar esses campos destrutivos. É algo de que a psicanálise pode se orgulhar. Nenhuma outra disciplina que eu conheço fez isso tão bem. A psicanálise trabalha com essas tendências e possibilidades da relação um a um ao longo do tempo, passando pelo que quer que se tenha passado. É um aprendizado que se espalha, como colocou Clare Winnicott, para o resto da vida da pessoa.

Se tivéssemos tempo, eu estabeleceria uma relação entre sobreviver ao mútuo assassinato e os *sephirot*. Por exemplo, estou conversando com minha mulher e ela diz algo que me destrói e eu penso, *gevurah* está se intensificando, isso pode virar uma catástrofe. Se eu tiver sorte, vai haver um rápido lampejo de relâmpago, *chochma*, o qual, se os canais estiverem abertos, passará pela árvore, haverá uma redistribuição de força, uma recentralização, e, em um instante, em vez de surgir um monstro, surge *chesed*. Da fúria e julgamento momentâneos – "Como ousa dizer isso para mim!" – para o ato de poder ver o que se passou do ponto de vista do outro e dizer, "Nossa, não percebi quão idiota eu estava sendo e, agora que vejo com os olhos dela, vejo outra perspectiva." Um momento que abre espaço. (*Gevurah*, aqui, significa algo como uma fúria de julgamento; *chochma* seria um tipo de lampejo de sabedoria; *chesed* seria compaixão, bondade amorosa, misericórdia; todos esses estados misturando-se e compensando uns aos outros, contextualizando uma destrutividade reativa potencial e possibilitando o crescimento. Para um diagrama e discussão sobre os *sephirot*, ver Apêndice 1: *Ein Sof* e os *Sephirot* (Árvore da vida).

Psicanálise trata-se de dar tempo e abrir espaço. Dar tempo para que esses processos comecem a funcionar. Eles são embrionários e demoram. Microprocessos diminutos, em geral invisíveis e inaudíveis, mas que crescem ao longo do tempo. É preciso dar-lhes tempo e espaço psíquico. Em *Psychic Deadness* (1996), escrevi sobre uma mulher adorável, uma boa analista que veio para supervisão. A paciente dela era suicida e estava piorando. Na medida em que conversávamos, ficou claro que ela não conseguia se identificar com o estado desgrenhado, desarrumado e abjeto de sua paciente. A paciente dela não era arrumada como ela, e parecia alheia à própria deterioração progressiva ou incapaz de fazer algo a respeito disso. Em contraste, a terapeuta tinha fobia de desarrumação. Eu tive fantasias da terapeuta talvez indo trabalhar com o cabelo um pouco desgrenhado, não arrumado de maneira tão perfeita. Num âmbito mais profundo, ficou claro que, se ela não permitisse a entrada de alguma empatia pela desarrumação, a vergonha da paciente continuaria aumentando. A vergonha iria matá-la.

Uma das descobertas de *Psychic Deadness* é que você pode estar vivo demais para o seu paciente. Você pode ser bom demais para o seu paciente. O ódio de si mesmo pode ser tão enorme, a desarrumação tão aguda, a catástrofe tão sombria, que você pode não conseguir encontrá-la ou permitir sua entrada. Ou você pode ser mais como eu e encontrá-la, mas não saber o que fazer com ela. Parece que eu tenho um sensor que gravita em direção ao catastrófico e ao venenoso. Para mim, é intuitivamente óbvio. Mas como ser e o que fazer são outra história. Para a minha supervisionanda, a alma destroçada de sua cliente pode muito bem ter parecido algo de outra espécie, de outro mundo. Ela teria que encontrar uma maneira de diminuir um pouco sua perfeita vivacidade, ou essa paciente morreria.

Em *Psychic Deadness*, escrevo sobre uma gradação, um contínuo de vivacidade-morte. Com algumas pessoas você deve se tornar "mortificador" por um longo tempo. No Zen, eles falam em ser como um cadáver. Ou, na Cabala, contrair, abrir espaço. Seja paciente, não quebre os vasos. Ou, caso eles se quebrem, esteja pronto para trabalhar com rupturas. Estamos sendo desafiados, estimulados a desenvolver capacidades, a trabalhar com fraturas como parte de nossa tarefa evolutiva. Nós estamos, ao longo de milênios, tentando aprender a trabalhar com aquilo que quebramos, ou com aquilo que se quebra sob a tensão da vida.

Module sua vitalidade para que ela se adeque às necessidades de onde você se encontra e com quem você está. Se estiver em um dilema, um supervisor me disse certa vez, "Quando em dúvida, espere que ela passe." Isso nem sempre funciona, mas no caso sobre o qual acabei de falar a respeito, a terapeuta ficava tentando "empurrar" a paciente para a vida, "analisar" os sentimentos ruins que tinha sobre si mesma, encorajá-la. Mas o empurrão, o encorajamento e a análise vinham de outro plano, de um plano mais elevado, não da realidade viva do momento, lugares que precisam de toque, pessoa para pessoa, *self* para *self*. O termo "entender" (*understand*) tem um sentido de ficar sob, permanecer sob. Ficar sob e não sobre o paciente.

A psicanálise é muito boa em envergonhar os pacientes, o que se soma ao sentimento ruim de não ser melhor do que você é. Para os freudianos, costumava tratar-se de "elaborar o Édipo." Ser uma pessoa pré-edípica era ser mais infantil, imaturo, não desenvolvido. Para os kleinianos, era "alcançar a posição depressiva." Mover-se de uma posição esquizoparanoide primitiva, mais infantil, para a posição "depressiva", onde a ambivalência é tolerada e onde as relações são mais de uma pessoa inteira com pessoas inteiras. Uma espécie de moralismo espreita na maioria das escolas, com divisões do tipo maior-menor, melhor-pior. Palavras como infantil e primitivo viram insultos. A terapia em si torna-se persecutória.

Para mim, Winnicott e Bion abrem possibilidades que vão além, possibilidades de se estar com pessoas sem "julgar", permanecendo com as realidades do momento. Se você está na merda, é melhor não tentar tão rapidamente transformar merda em ouro. Não ser um deus olímpico diante de uma confusão anal. Será que você pode "diminuir" a si mesmo, ficar "menor" e encontrar o lugar que pede para ser encontrado agora? Muitas vezes percebo que a terapia persegue a pessoa: "Por que você não se relaciona?" "Por que você não é sexualizado?" "Por que você não?" Esfregando o nariz da pessoa naquilo de que ela mais se envergonha: suas dificuldades e incapacidades. Essa tendência humana não é monopólio de nenhuma disciplina. Marx a enxergava no trabalho, nas formas de funcionamento da religião e da máquina de dinheiro. Pode ser muito difundida na educação.

Um de meus professores anos atrás, Hymen Spotnitz, alertava sobre o perigo de se ajudar uma pessoa deprimida a sair da depressão muito rapidamente. Ele sentia que o ponto em que o suicídio pode sobrevir é aquele em que a pessoa começa a se sentir melhor e então se sente mal novamente. Mais importante do que o ânimo do momento é o trabalho gradual de construir recursos. Você pode conseguir que uma pessoa se sinta melhor, mas não quer dizer que haja recursos suficientes para que ela lide com um ânimo melhor. Sem recursos que sustentem um sentir-se melhor, a queda é mais violenta. Deve-se construir, em um gradual dar e tirar, a capacidade de suportar altos e baixos.

Podemos compartilhar do orgulho de existirem pessoas que trabalham com psicanálise que fizeram verdadeiros avanços na percepção e no trabalho com a destruição humana. Aprender a trabalhar com tendências destrutivas é imperativo não apenas para os indivíduos, mas para a sobrevivência e a qualidade da sobrevivência da espécie. Há muitos caminhos de tentativas de ajuda. Temos muitos assistentes sociais tentando fazer do mundo um lugar melhor. Isso inclui reformadores sociais e ativistas que tentam fazer a sociedade ficar mais bondosa e menos cruel. E assistentes sociais que ajudam as vidas de muitos nas clínicas e lares atingidos pela dificuldade financeira e pelos grandes danos sociais. A ajuda é necessária em muitos níveis. Mas, sem uma mudança psíquica no gênero humano, a ação social vai ficar sem o suporte necessário para um sustento de longo prazo.

Há uma lição a ser aprendida com as comunidades puristas, comunidades semiutópicas que tentam criar uma sociedade melhor em dimensões menores. A maioria das que tenho notícia rachou com o tempo por causa das rachaduras da natureza humana. Não se pode simplesmente legislar ou idealizar a rivalidade, o ciúme, modos autocentrados de funcionamento. A coisa "selvagem", a coisa viva, causa estragos nos esquemas idealizados. Modificar estruturas externas pode trazer benefícios, mas sem uma profunda mudança psíquica interna, cenários tribais autocentrados e violentos irão se manifestar. Que tipo de mudança psíquica é possível? Como? Será que algum dia saberemos como, ou de tempos em tempos tentaremos dar o nosso melhor, tateando juntos, lutando com nossa natureza? O trabalho que a psicanálise faz nas trincheiras pode ser marginal em termos de problemas mundiais, mas não é marginal no mundo das possibilidades psíquico-espirituais. Tentativas de aprender a trabalhar com nossa constituição, especialmente com necessidades e tendências destrutivas, são explorações válidas das relações humanas. Estamos tentando aprender algo sobre como nós destruímos uns aos outros e como sobreviver e crescer através da/com a destruição. Podemos fazê-lo? Até que ponto? Mesmo que seja um pouco? E se conseguirmos, será que isso irá se espalhar? Não sabemos. É uma área que contribui para o tema do renascimento e da renovação, uma nova virada para o tema de suportar o inferno: suportar as suas tendências destrutivas e as dos outros de forma melhor. Isso, em parte, é onde o trabalho da terapia nos leva. Disciplinas religiosas tentaram trabalhar com tendência destrutivas. Com que resultado, não está claro. As destruições em massa que fizeram parte da rivalidade religiosa são acontecimentos muito sérios. Muitos indivíduos sentiram-se empolgados com as dimensões espirituais que a religião pode cultivar, mas os aspectos sangrentos das crenças beligerantes têm sido assustadores.

Trabalho psíquico com tendências destrutivas dentro de uma relação terapêutica de pessoa para pessoa: onde isso pode nos levar? Exercícios cabalísticos que lidam com a agressão podem ajudar em certos estágios. Há a história de um homem que temia seus desejos cheios de ódio em relação a uma pessoa e que estava estudando o Talmude e o *Zohar* para aprender tudo o que pudesse sobre a agressão. Ele ficou tão imerso nos estudos que sua ira e seus sentimentos destrutivos desapareceram. Alguns exercícios encorajam a pessoa a ficar observando, encarando sua raiva para ver o que se abre. Outros dizem, olhe para outro lugar, substitua pela alegria. Alguns dizem, preste mais atenção; outros, desvie, encontre outra maneira. Mas e o estudo detalhado dos desejos agressivos? Não tenho certeza se houve algo como a psicanálise, embora, como Freud disse, os poetas – e, eu acrescentaria, as disciplinas espirituais – abriram e continuam abrindo muitas portas.

Não há nada de novo em ver a agressão como parte de nossa constituição para a sobrevivência, um instrumento para o acasalamento, obtenção de comida, território ou abrigo e da fertilização cruzada da guerra. Alguns a veem como um tipo de limpeza, limpando o que é velho, trazendo o novo, análogo à morte, abrindo espaço para o nascimento. A destruição, também, pode ser uma resposta à claustrofobia, uma tentativa de quebrar as barreiras da vida, os muros da personalidade, destruição como uma resposta à claustrofobia social, à compressão da "civilização." Uma destruição libertadora, a fantasia de que, se eu destruir tudo, estarei livre. Meu lado autônomo procurando ar. Freud, Klein, Winnicott, Bion, Bowlby, Reich e Kohut estão entre aqueles que fizeram incursões sem precedentes ao labirinto das tendências destrutivas. A necessidade de imaginar maneiras mais criativas de lidar com o lado destrutivo de nossa natureza não é um problema do qual estamos livres para nos esquivar. Até digerir a possibilidade de que podemos estar diante de um problema insolúvel, podemos abrir caminhos e visões.

Deixem-me parar de falar. Alguma pergunta, *feedback* ou fábula? Quando estamos no reino da Cabala, estamos no reino das fábulas. De maneira similar, quando lemos muitos dos sutras, estamos no reino do fábulas. Fala-se todo tipo de coisa sobre Buda, histórias de adultos e crianças. Jornadas espirituais, jornadas da alma, jornadas da mente de uma natureza maravilhosa. A disciplina básica da Cabala é como abrir seu coração, como transformar um coração de pedra em um coração de carne, abrindo canais. Uma disciplina básica da psicanálise é como apoiar a personalidade na vida e ajudá-la a encarar suas tentativas de destruir a si mesma.

Membro do público: Se o psicanalista constrói os recipientes para ele e para seu cliente, como você descreveria, nos termos da Cabala, o modo como o psicanalista pode manter um certo enquadramento, um tipo diferente de recipiente daquele que usamos com nossos filhos. Como explicar que nossos recipientes parecem ter maior força e mobilidade quando estamos em um modo terapêutico do que quando estamos sendo pais, ou quando somos apenas mais um em um grupo de pessoas tentando entrar na fila para alguma coisa.

Resposta: Antes de tudo, não tenho explicação para nada. Mas haverá pessoas que se sairão melhor como mães do que como psicanalistas, especialmente se você for mãe pela primeira vez. Minha mulher continuou trabalhando por um tempo e então começou a receber telefonemas depois que nosso primeiro filho nasceu. "Betty, onde você está?" Ela simplesmente tendia a não ir às sessões, esquecia-se delas. E quando estava nas sessões, ela em geral estava pensando no filho. Até que ela parou de trabalhar por um tempo, até que conseguisse pensar tanto na criança quanto nos seus pacientes. Então, ela pode funcionar das duas formas. Podemos ser melhores com nossos pacientes do que em casa, ou melhores em casa do que com nossos pacientes, e isso pode variar. Em parte, estamos falando de flexibilidade psíquica. Não se deve romper seus vasos sanguíneos psíquicos. Como evitar uma síncope psíquica? Construindo uma certa ressonância de fundo...

Metta – lembrei o que queria dizer mais cedo, quando mencionei *metta*. Melhor eu falar antes que escape. Incidentalmente, Bion escreve sobre um enquadramento de pensamento ou ritmo que envolve um pensamento ou sentimento que aparece em um momento e desaparece no outro: aqui, não mais; ligado, desligado; Deus, não Deus; *self*, não *self*; você, não você (exploro isso em *Contact with the Depths*, de 2011, e nos seminários de Seul).

Então, *metta*. Alguns dizem que o fluxo da bondade amorosa começa com você. A bondade amorosa começa com o seu próprio *self*/ser, ou em algum lugar mais profundo do que o *self*. Um tipo de cuidado caloroso que tem um efeito descongelante. Um descongelamento que toca a sua vida e o seu trabalho. Independentemente do fato de seu maior problema no momento ser o trabalho, ou a casa, ou outro aspecto de sua vida, pode haver um descongelamento que cria uma certa ressonância, algo que diminui a paranoia, que reduz o grito e os estados de tensão envolvidos no gritar silencioso (ou não tão silencioso).

O modo como você alcança isso é algo pessoal. Talvez através da meditação, da prece ou da música. Você precisa continuar encontrando o que funciona para você. Para mim isso acontece, às vezes, ao ver um rosto no metrô, alguém com um certo olhar que me abre. Com meus filhos e paciente, o momento descongelante sempre muda; às vezes estou cansado, às vezes aberto. Tanto a Cabala quanto a psicanálise dizem que há um domínio de lutas. Você não pode fugir de ter que trabalhar consigo mesmo; às vezes retraindo, às vezes abrindo. Você desenvolve um certo movimento corporal, um movimento corporal espiritual, um perceber através do qual seu corpo descongela ou comprime, dependendo da necessidade do momento.

Aprendi há muitos anos, nos idos de 1960, que nossos corpos estão mais retraídosdo que deveriam, como se estivessem combatendo uma ameaça. Nossos esfíncteres estão mais comprimidos do que o necessário para que funcionem. É como se estivéssemos vivendo sob um estado de ameaça. Quando você vai para casa, para junto de sua família, a ameaça aumenta. Uma situação paradoxal, já que você pensa, "Ah, o ninho, segurança." No entanto, quanto mais perto você chega, maior a ameaça. A maioria dos assassinatos acontecem dentro das famílias. O trabalho e o lar podem prover diferentes combinações de ameaça e segurança.

Em minha primeira análise importante, eu reclamava que estava melhor com as pessoas do "mundo de fora", mas que quando eu encontrava meus pais, eu era reduzido a zero. Como o mestre Zen que encontra o rei e perde o seu Zen. Encontro minha família e os ganhos que obtive com a psicanálise desmoronam. Meu analista disse, "Seus pais serão as últimas pessoas com as quais você vai conseguir se relacionar. Não se preocupe em resolver isso agora. Atenha-se a crescer onde você pode." No budismo, "atenha-se à sua própria prática." A psicanálise se torna uma prática. A comunicação paradoxal do meu analista era, se você falhar com seus pais, aproveite o máximo que puder disso. Se você vive com eles, ou sozinho, use o material bruto para aprender. Sua família se torna uma área para praticar. Você tenta isso e aquilo, concilia os chacras, concilia os *sephirot*. Perceba a si mesmo muito dessa forma, muito daquela forma. Você medita, reza, recua, se retira, tenta de novo. Não sente apenas o impacto do outro em você. Em alguns momentos, você percebe o que o outro está pedindo de você. De onde eles vêm? Por que me machucam? O que aconteceu?

Anos atrás, quando eu ainda namorava, eu podia estar com uma menina sentindo coisas boas, aí ela dizia alguma coisa ou olhava ou fazia uma coisa ruim para mim e, quase instantaneamente, eu ficava fisicamente doente. Eu podia ficar repentinamente doente por causa de uma olhadela ou uma palavra ruim. Não apenas momentaneamente doente, mas algo que durava uma ou duas semanas. Quando se está com alguém por trinta anos, ou quinze, ou cinco, o impacto se multiplica. O impacto do outro. Aprendi através da experiência quão vulnerável eu sou, quão sensível eu podia ser em situações de intimidade, algo que tive que trabalhar em mim.

Outra variação envolve o contraste entre estados de solidão e o impacto do outro. Estou pensando agora num artista criativo que passava horas sozinho, criando. Ele podia sentir um fluxo de novas realidades se desdobrando com o movimento de sua mão, ou um mergulho no abismo quando o movimento estancava. O ânimo dele se elevava ou caía de acordo com o estado de sua criatividade. Ainda assim, os altos e baixos eram parte de sua realidade solitária, ele e o trabalho. Quando ele tinha que abaixar os pincéis, na hora de jantar com a família, o impacto era maior do que ele podia suportar. A transição era mais do que difícil. De repente, a família dele parecia tão trivial, um incômodo que não combinava nem um pouco com seu estado meditativo. Sua mulher e filhos eram corpos estranhos, barulho, invasão. O contraste era desconcertante. Ele queria fugir de volta para seu trabalho solitário, onde ele se sentia magicamente real. Ao mesmo tempo, queria ficar com sua família, compartilhar a vida juntos. Um dilema perpétuo. Por um lado, porque não posso ficar em meu estado meditativo para sempre? Por outro, a vida real estava chamando. Estar com pessoas era um desafio incessante. Ele teve que encarar o desafio de aprender a trabalhar com transições e descobrir que aterrissagens suaves são possíveis.

Enfatizamos desastres, obstáculos, dificuldades. Impactos de momentos bons também se multiplicam. Mas mesmo os efeitos dos bons momentos dependem, em parte, do modo como eles são utilizados. Como alguém se relaciona e usa a experiência é um desafio. Parece tolo dizer que muito da vida envolve pegar a manha de se aprender a viver com ela? Aprender a viver?

Vejo que o tempo acabou. Gostaria que pudéssemos continuar, mas suspeito que tenhamos passado por algo juntos e que talvez o dia seja um pouco mais rico por isso.

Capítulo 2

Da última vez, comecei dizendo que a essência da Cabala é amar a Deus com todo o seu coração, toda a sua alma, toda a sua força. A essência da Torá e a essência da Cabala a esse respeito são as mesmas. Essa é a essência: amar a Deus com todo o seu coração, toda a sua alma e força. Mencionei que isso soa como um mandamento. Você deve, você irá, você tem que. Mas, é mais você é. Amar a Deus com tudo o que você é lhe define. Você é esse amor e em relação a esse amor.

É uma descoberta. Se você faz essa descoberta, se ela acontece, se vem até você como oh, meu Deus, eu Te amo com todo o meu coração, toda a minha alma e força, é um fato. Não é um fato vindo do exterior, mas do profundo interior. Schopenhauer diz que a música é o sonho mais profundo do mundo. Também pode-se dizer que esse sonho, essa música, expressa esse amor.

Da última vez falei do meu rabino histórico e fabular preferido, Rabino Akiva. Não vou falar muito dele hoje, mas falamos sobre sua *kavannah*, sua devoção e sua percepção, seu sentimento no fim da vida, quando sua pele estava sendo arrancada pelos romanos, de que finalmente ele podia dar tudo para Deus, amar a Deus com toda a sua força, com tudo o que havia nele, tudo que ele era. Em outra parte, a Bíblia diz: "amai a Deus com todo o seu coração, toda a sua alma e toda a sua *mente*". Então, há uma mudança de força para mente. Elas são ambas importantes e é um desafio. Como se pode fazer isso? O que é "tudo"? O que "tudo" seria? Os rabinos dizem com a boa e a má inclinação. Amar a Deus com a boa e a má inclinações. E como seria isso?

Contei quantas intersecções eu pude encontrar entre a psicanálise e a Cabala, ao menos na psicanálise que me interessa, e contei algo em torno de dezessete. É impossível darmos conta de tudo isso hoje, mas escolhi algumas e tenho o palpite de que o que escolhi pode não ser para todo mundo, mas se alguns acharem que elas ajudam, ficarei muito feliz. Uma tem a ver com ligação entre a *v'ahavta* – amar a Deus com todo o seu coração, toda a sua alma e toda a sua força e aquilo que isso possa significar, o que *todos vocês, eu todo,* possamos significar – e a centralidade da fé na obra de Bion.

Como mencionei da última vez, a Cabala não é uma coisa só, é mais um arquipélago, espalhada através do tempo, começando talvez algumas centenas de anos antes da Era Comum, talvez antes. Gershom Sholem costuma vê-la como uma forma de Gnosticismo. Moshe Idel sente que ela tem raízes independentes na Torá, uma meditação no significado interno da Torá. Diferentes gênios de imaginações espirituais relacionavam suas percepções, *insights* e histórias ao longo de muitos anos. Como migalhas na floresta, podemos seguir pistas, ao longo dos anos, de textos e de presenças.

Em geral, histórias e fatos eram confundidos. Por exemplo, pensava-se que o *Zohar* havia sido escrito no máximo por volta do ano 200 por Shimon bar Yochai, um estudante devotado do Rabino Akiva. A lenda era que Shimon bar Yochai e seu filho se esconderam na caverna por treze anos, escapando da perseguição romana e da morte. Enquanto estava escondido, dizia-se que Shimon bar Yochai havia formado a base do que se tornou o *Zohar*, no qual ele é um personagem importante. O chassidismo atribui a escrita do *Zohar* a ele, tomando um personagem principal como autor. Shimon bar Yochai é reverenciado como um homem sagrado e é celebrado nos dias de hoje.

Estudiosos atribuem o *Zohar* a um escritor espanhol, Moses de Leon (1250-1305), que o assinou como um ato de imaginação espiritual e criativa. Ele o escreveu em um aramaico estranho para fingir que Shimon bar Yochai era o autor. Há uma história de que quando ele morreu estudiosos pios vieram pegar o manuscrito que ele afirmava haver mediado, mas foram recebidos pela mulher dele que disse "Aqui está, ele inventou tudo". Parece que ele sentia que suas visões e reflexões teriam uma chance melhor de serem levadas a sério se ele as atribuísse a um santo como Shimon bar Yochai.

Fato e fantasia às vezes colidem. Talvez não importe tanto se foi escrito no século III ou XIII. Há uma tradição religiosa segundo a qual Akiva transmitiu uma tradição oral para Shimon que a passou adiante, tendo seu espírito reaparecido em Maimonides no século XII, Luria no século XVI em Safed e Baal Shem Tov no Leste Europeu no século XVIII. Desse ponto de vista Moses de Leon é visto mais como redator do que como autor original. Qualquer que seja a verdade literal, não surpreende que fábula e fato se misturem. Que um visionário do século XIII tenha remontado a um santo do século terceiro como seu canal ou sua "voz", é em si algo que merece ser estudado. Independente do seu pano de fundo, o *Zohar* (Radiância, Esplendor) foi escrito e seu impacto no judaísmo místico foi decisivo. Luria, o Baal Shem Tov e Rabino Nachman estão entre os muitos que o estudaram, e sua fecundidade aumentou. Foi um ato evolutivo da mente mística, um de uma infinidade de atos evolutivos.

Da última vez falei sobre a Cabala Luriânica e relacionei o estilhaçamento dos vasos às descrições de Bion das catástrofes psíquicas. Minha ênfase hoje vai ser um pouco diferente. Minha ênfase será na fé, na centralidade da fé e, para ser mais preciso, escolhi um descendente chassídico do Baal Shem Tov de duas gerações, um bisneto, Rabino Nachman (1772-1810) e seu entrelaçamento com um psicanalista britânico do século XX, Wilfred Bion. Veremos como eles iluminam um ao outro ou contribuem para as luzes um do outro. Nachman, em uma de suas passagens, descreveu o mundo como um tipo de *dreidel*, um *dreidel* giratório. Vamos ver se conseguimos colher algum *insight* de mentes giratórias, espíritos giratórios, almas giratórias.

A centralidade da fé. A catástrofe é central para o pensamento de Bion e para a Cabala Luriânica. Bion encara a catástrofe tanto como a origem da personalidade quanto como a origem dos processos psicóticos. Os processos psicóticos são uma expressão de acontecimentos catastróficos. Nós somos, como nos diz o filme *Zorba, o grego*, catástrofes em nossas próprias vidas. Somos seres catastróficos e nossa percepção de sermos seres catastróficos em geral faz parte dos nossos sentimentos mais íntimos.

Bion escreve: "Quando duas personalidades se encontram, uma tempestade emocional é criada" (Making the best of a bad job, in *Clinical Seminars and Other Works*, 1994a). Essa frase é atribuída a Bion em 1977, ano em que morreu. Nem todos sentem essa tempestade emocional quando encontram outra pessoa. Pessoas bem reguladas provavelmente não sentem isso, mas não conheço muitas delas. Meu palpite é que, se os números são "normais", as pessoas catastróficas são mais normais. Soa um pouco estranho pensar o sentido de uma catástrofe emocional como sendo normal?

Como encontramos a catástrofe emocional? Com o que a encontramos? Com a Fé, com F maiúsculo. Para ele a Fé é a atitude psicanalítica, que ele descreve como sendo sem memória, expectativa, desejo ou compreensão. Estar sem memória, expectativa, desejo e compreensão – ninguém faz isso. Não é um estado possível. Mas é uma direção em que se pode mirar e faz diferença se toma-se esse caminho ou não. Afastar-se dessas capacidades, mesmo que por um instante, pode ser libertador.

Talvez estejamos em caminhos múltiplos, em um o ego é o centro do universo, em outro, sem memória, expectativa, compreensão, desejo. Preencher, deixar ir, diferentes tipos de preenchimento e de esvaziamento. O seu ponto de ênfase pode fazer uma diferença em como você se sente e está depois de trinta, quarenta, cinquenta anos. Enfatizar o caminho da fé não significa que você acabou com o mal. Ninguém acaba com o mal. Todo mundo é bom e mau. Mas faz diferença o modo como você se aproxima da sua natureza, como você se relaciona com ela. O trabalho da Fé desempenha alguns papéis na mitigação do egocentrismo.

A primeira fórmula de Bion que quero dar a vocês é F em O, Fé em O. O é o sinal que ele usa para o desconhecido, realidade última, aqui, realidade emocional desconhecida. Por que realidade emocional? Ele sente que a emoção é o âmago da vida humana. Por exemplo, ele diz que o âmago de um sonho é a experiência emocional, e narrativas míticas expressam e organizam a vida emocional para o grupo. Uma de nossas preocupações que vem do âmago é como a vida nos parece, que gosto ela tem, um sentido com variações de níveis de profundidade, desde como a vida nos parece quando fazemos ou não fazemos algo, até o perfume e a textura da existência.

F em O e O é o desconhecido. É o mesmo desconhecido que Jó encarou. O mesmo desconhecido contra o qual Jó se voltou, extirpando tudo, posses vínculos, seres amados, não deixando nada além do encontro com Deus, contraindo ao ponto de ter uma visão mística: Oh, meu Deus – é real, És real. Espanto mudo, silenciado pelo espanto. Um momento de F em O.

O Rabino Nachman também se deixa levar, atingido pela intensidade da experiência. Procurar e encontrar Deus em geral envolve uma oscilação entre a megalomania e o desmerecimento, fusionados e conflitantes. Nachman sentiu que queria despertar nas pessoas um espanto como nunca havia existido antes no universo, o espanto dos espantos nunca antes conhecido. Nachman sentia-se assim em relação a muitas coisas. Algumas vezes ele passava por uma manhã ou dia e sentia: "Hoje estou vivendo um dia como nunca foi vivido antes". Em relação à morte, a mesma coisa: "Quero morrer uma morte da qual nunca se morreu antes". Nachman tinha sentimentos muito intensos e ampliados, e seus sentimentos de desmerecimento também eram intensos e ampliados.

Fé na realidade emocional desconhecida, na realidade última emocional desconhecida nunca experimentada dessa maneira específica antes desse instante, e ainda assim desconhecida e acenando, vastamente desconhecida, inexaurível. Bion, seguindo Wordsworth, fala de intimações, intimações que esbarram em convicções e levam a sistemas de crenças. Brigamos por causa de crenças. As crenças, com muita frequência, são substitutas para intimações originárias atuais. Nachman e Bion nos chamam de volta para as intimações do desconhecido.

A fé é mais profunda do que a crença. A crença é uma maneira de capturar a fé, domesticando-a, colocando-a em uma caixa. A fé explode a crença. A fé sente-se constrita pela crença. Ao mesmo tempo crenças podem tentar dar expressão à fé, levar à fé, aprofundá-la, dependendo da função e do uso. Você pode ter uma crença que faça justiça à fé?

F em O é uma fórmula de Bion. Outra é T em O, onde T representa transformações que acontecem em O. F em O e T em O. Transformações desconhecidas, talvez não passíveis de conhecimento. Algumas vezes nós pensamos que as sentimos ou percebemos, intimações, perturbações, ruídos, sussurros. Mas não sabemos que tipo de transformações ocorrem em O. Dizer que há transformações em O é, por si só, um salto, hipótese, narrativa, percepção, visão. Diferentes grupos de pessoas têm esse pressentimento baseados em certas experiências. Os budistas falam de transformações fora do mundo que acontecem fora da consciência, intencionalidade e controle consciente. Transformações-O, talvez uma percepção de que alguma coisa está acontecendo e você sente alguns dos resultados. Um momento se abre, uma intimidade, uma delicadeza, real e elusiva, que nunca foi vivido (para fazer ressonância ao Rabino Nachman). Um ensinamento asiático diz que nossos pensamentos, sentimentos, imagens, sensações são bolhas ou ondas surgindo de um mar desconhecido, uma presença desconhecida. Chuang Tzu fala de uma presença elusiva, desconhecida, misteriosa, ligada a transformações mais profundas do que conhecer T em O.

F em O dá suporte a T em O. Todos digam: F em O, T em O. (O grupo diz isso várias vezes, começo de um tipo de mantra ou canto.)

Agora, deixe-me apresentar um vilão. Na série *Punch and Judy*, Punch e Judy estão se divertindo, e opa! – surge de repente o diabo. Bion apresentou a formulação mais dramática da força "negativa" com a qual já me deparei. A formulação estava esperando para ser dita. Toda aquela discussão medieval sobre o demônio chegar perto, mas não chegar exatamente lá. William Blake, também, chegou perto.

Freud, Klein e Bion escrevem sobre uma força destrutiva, ou ímpeto ou tendência, um traço de destruição no qual colocam rastreadores. A destrutividade na condição humana. Eles não se esquivam dela. Eles procuram ver como ela passa por transformações: por exemplo, seus deslocamentos, suas condensações, dissociações, projeções, introjeções, simbolizações, idealizações, identificações e mais. Bion maximiza a aposta ao propor uma força destrutiva que continua a funcionar depois que destrói o tempo, o espaço, a existência e a personalidade. Essa é uma variação de um tema antigo, com sua própria essência particular, mas que integra uma dificuldade que a raça humana encara: o que podemos fazer a respeito de nossa própria destrutividade? Uma força que só destrói; uma inclinação dedicada que se alimenta da destruição. Depois que tudo está destruído, ela se alimenta do estado de destruição total. Ela não para de destruir. É um estado eterno, no sentido proposto por William Blake, quando ele escreve que todos os estados são eternos.

A afirmação de Bion de que uma força destrutiva nunca para tem ligação com Freud dizendo que o impulso da energia psíquica é constante, a pressão da pulsão é constante. Esta última pode não parecer constante dado os fluxos e refluxos da experiência, mas Freud sente que ganhamos algo ao supor a pressão e a tensão da pulsão como constantes. Bion prevê parte desse impulso constante como destruição que nunca acaba, uma visão difícil de se aceitar, mas sóbria e, temo que, expressiva dos danos que ocasionamos em nós mesmos e uns nos outros.

Gosto de equilibrar a descrição de Bion de uma força destrutiva dedicada com o Kuan Yin do budismo. Kuan Yin é descrito de formas variadas como um Buda ou um aspecto de Buda, uma deusa ou uma força psíquica ou espiritual. Kuan Yin não pode fazer nada além de ser compassiva. As pessoas rezam para ela por favores e quando os favores são atendidos, tudo o que ela quer em troca é que as pessoas digam, agradeço. Você agradece às pequenas coisas durante o dia? Faço parte daquelas pessoas peculiares que passam o dia dizendo agradeço. Isso acontece, aquilo acontece – agradeço, muitas vezes para ninguém em particular, no meu coração ou em um sussurro. Isso me lembra o livro de Melanie Klein *Inveja e Gratidão* (1997), no qual Klein descreve uma relação inversa entre inveja e gratidão, a primeira tornando a última difícil, levando a uma posterior constrição da personalidade.

Temos o princípio Kuan Yin, que parece aliado à fé, e que é uma força que nunca para de destruir: um encontro interminável entre a destruição e a compaixão. O que estamos dizendo ao juntarmos as duas ou ao conectar o F em O de Bion com seus escritos a respeito de uma força destrutiva incessante? Fé incessante, destruição incessante. Estamos dizendo que a fé abrange a destruição enquanto a destruição destrói a fé? Estamos dizendo que temos fé em algo que destrói e continua a nos destruir? Que somos essa destruição? Que somos essa fé?

Podemos dizer que O é neutro, mudando, dando ensejo à variedade, agora Kuan Yin, agora força destrutiva, misturas, fusões, antagonismos? Penso de novo em Jó como um guia, um modelo quando ele diz: "Ainda que me mates em Ti confio". Que tipo de fé é essa? Tudo é tirado dele, nada sobra, tudo destruído exceto uma coisa. Se Deus tirasse tudo de você exceto uma coisa, o que você ia querer que ficasse? Ainda que me mates em Ti confio.

Penso em Winnicott querendo ficar vivo quando ele morreu, a fé mais profunda do que a destruição. Quero fazer uma formulação dupla: a fé é mais profunda do que a destruição e a destruição é mais profunda do que a fé. Eu quero colocar as duas como uma coisa só. A fé mais profunda do que a destruição, a destruição mais profunda do que a fé. Não pode haver fé depois do Holocausto. Ainda assim, há, fé mais profunda do que o Holocausto, e no entanto, o Holocausto é mais profundo do que a fé. É assim que é, se você puder ver. Não é de uma maneira, não é de outra. É das duas. E talvez haja muitas relações diferentes para cada uma. Talvez elas estejam em relações antagônicas, opostas, talvez às vezes, sincrônicas, fusionadas, às vezes oscilantes, às vezes tudo isso junto de uma vez. Relações variáveis entre tendências, estados, realidade e capacidades.

A fé mais profunda que a destruição, a destruição mais profunda que a fé. Nachman passou pelos tormentos e dúvidas mais severos em relação à sua fé e, acima de tudo, um sentido de distância de Deus. De um lado, ele se sentia próximo de Deus, e do outro ele se sentia distante. Em algumas horas a distância era tão enorme que ele não conseguia vislumbrar como poderia se aproximar novamente. Encontramos tais sentimentos nos salmos. Em um dado momento o salmista brada "Onde estás Deus? Deixaste-me e estou em um abismo, em desespero". Depois, a inversão: "Vou dormir chorando e acordo rindo. Estás de volta e estou feliz. Minha alma dança. Grande é a Tua fé".

As emoções circulam em torno da presença ou ausência de Deus. Tu me deixas e entro em desespero, um tormento total. Quando mostrarás Tua presença para mim de novo? Virá o tempo quando Tu voltarás e meu coração cantará de alegria.

Algumas vezes relaciono isso com o que chamo de a dimensão Z de Winnicott. Quando a mãe se ausenta por um tempo X, o bebê tolera. Quando a mãe se ausenta por um tempo X+Y, a mãe volta e o bebê enfrentou momentos mais difíceis, mas ainda está bem, embora tenha sofrido algumas emoções intensas. Quando a mãe se ausenta por um tempo X+Y+Z há uma alteração permanente do *self*. Quanto a mãe volta, algo não retorna no bebê, algo está mudado, diferente. Um abandono de grandes proporções teve consequências catastróficas. Nachman passou por isso várias vezes. Viveu na dimensão Z grande parte de sua vida. Ao mesmo tempo viveu no Paraíso. Viveu um estado catastrófico longe de Deus, e um estado jubiloso perto Dele.

Não conheço ninguém que não tenha tido sonhos de ter sido excluído. Não estou falando de se sentir excluído na vida de vigília, o que a maioria das pessoas nesta sala já deve ter sentido, ou vocês não estariam gravitando em minha direção. Todo mundo já teve sonhos de ter sido excluído, de exílio. As pessoas não lhe querendo, você não pertencendo. Foi dessa maneira que Nachman se sentiu em relação a Deus. Pertenço a Deus e sou excluído. Deus me afastou Dele.

Hoje Nachman talvez fosse diagnosticado como bipolar mas, livre de tais rótulos, ele sentia que seus estados emocionais eram mensagens, mensagens de Deus. Nos contos de Nachman, assim como nos de Kafka, as mensagens nunca eram entregues. Camada sobre camada de complexidade. As emoções como mensagens não entregues.

Nachman viveu por trinta e nove anos. Uma vida curta, com muito conteúdo. Não sei se Nachman jamais desistiu de alguma coisa que a alma tenha pedido. Emoções não entregues não o iriam deter. As emoções como ligações, caminhos para o Mais Profundo Desconhecido de Tudo – a fé mais profunda e maior do que a entrega. A experiência de nascimento e o caminho – o que hoje pode se chamar de processo – eram mais do que o bastante, se nunca fossem o bastante. Nunca o bastante é mais do que o bastante. *Dayenu* – um momento com Deus é mais do que o bastante. Mas há muitos momentos, momentos de mensagens não entregues sempre a caminho da entrega, que nunca terminam. Kafka chamou a sua vida toda de um momento incompleto (Kamenetz, 2010).

Fé mais profunda do que o exílio, mais profunda do que a distância agonizante de Deus, mais profunda do que todos os males. Suspeito, por Nachman, que há formas em que Deus na distância, talvez, *seja* distância também, distância tão dolorosa, tão próxima. Uma beleza infernal na alma, um amor pungente, penetrante.

Um exemplo da persistência, insistência de Nachman foi sua viagem para Israel. Ele foi, em parte, porque o Baal Shem Tov não conseguiu chegar lá. Esse sentiu que os sinais que encontrou na viagem prenunciavam desastre e voltou. Nachman sentiu que estava completando a viagem para o seu bisavô. Talvez Nachman tenha tomado sobre si grandeza espiritual, grandiosidade, ou ambas, para fazer o bem para o Baal Shem Tov. Ele estava sempre fazendo o bem para as almas, especialmente para as almas mortas.

Podia ver almas mortas precisando de ajuda e tentava libertá-las, elevá-las ao céu. Ele fazia compensações. Não vou recontar aqui todas as vicissitudes de sua viagem a Israel, enriquecedoras em si, obstáculos internos e externos elevados por uma visão espiritual e por um senso agudo de realidade (Green, 2004). Todas as coisas pelas quais passou abriram portas psicológicas e espirituais.

Agora quero que saibam que no primeiro momento em que ele colocou os pés em Israel, sentiu que podia ir embora. Não precisou ficar um segundo a mais. Sentiu júbilo total; todos os problemas dele haviam terminado. Missão cumprida.

Ouvir alguém dizer "todos os meus problemas terminaram" faz com que me lembre de alguma coisa. Talvez Nachman quisesse dizer que aquela distância atormentadora de Deus tinha agora sido ultrapassada. Momentos tão maravilhosos em que tudo parece resolvido. Penso nas cartas que pertenciam a um suicida a bomba do World Trade Center, reafirmando a ele que seu feito heroico o elevaria ao paraíso, tormentos pessoais resolvidos para sempre. Os problemas dele teriam acabado, sem mais perturbações, sem mais dificuldades da personalidade. É uma sedução e tanto, uma promessa e tanto, todos os problemas da personalidade acabados. Se se permanece vivo, as rodas giram, novos momentos chegam e as dificuldades se reafirmam. Então, para Nachman, um pé na Terra Santa e todos os problemas resolvidos! Para sempre estarei perto de Deus, os tormentos terminaram. Mas momentos, dias, semanas depois e outra história começa, outro ânimo, mais trabalho nas trincheiras.

Como se poderia prever, Nachman não saiu instantaneamente da Terra Santa e seus problemas não haviam terminado. Ficou deprimido quando percebeu que eles continuavam. Ele entrou nessa sequência, de uma maneira ou de outra, várias vezes. Um momento que dissolve todos os problemas, e o retorno depressivo destes em pouco tempo. Ouço essa sequência na terapia. Alguém sai de um caso de amor para outro e os primeiros momentos são maravilhosos, tudo novo. O bombardeador suicida do World Trade Center purificado pela honrada destruição devocional, o amante renovado pelo amor. E depois, colisão.

Será que algum dia aprenderemos que não podemos nos livrar da psique e de suas perturbações? Parece que Nachman diagnosticou errado uma dificuldade ou foi levado por uma elevação espiritual, esquecendo, ignorando, ou não se importando com a trajetória dela. Um sentido do agora é tudo e tudo está resolvido, dá lugar, com o tempo, a uma reafirmação de uma realidade psíquica mais completa.

Uma das puxadas de tapete pela qual Nachman estava obcecado era a culpa pela sexualidade. Ele estava seguindo aspectos da literatura rabínica e cabalística, que dá uma interpretação sexual a Adão e Eva terem comido a maçã. A culpa é em si a queda, punição em si mesma. Ter que sentir-se culpado pela sexualidade expressa um enorme dano. Há respostas religiosas, regras sobre a sexualidade, formas de consagrá-la, o que é permitido, o que não é, seu laço com o prazer e com a procriação, formas de domesticar ou canalizar tamanha dádiva e vilão. Para alguns o alcance da abstinência como objetivo ou realidade, se torna um caminho, uma necessidade.

Pequeno cupido, o demônio do sexo. Será realmente o primeiro atormentador da vida ou um de vários? Para Nachman era um tormento que o impelia a tentar erradicar as raízes do sexo de modo a arrancar a culpa. Será que funciona? Se a bondade é um objetivo da transcendência sexual, a ausência de sexualidade não necessariamente a atinge. A natureza e a sociedade fazem experimentos. Homens castrados não são necessariamente beneficentes. Se você se livrar dos hormônios que alimentam a sexualidade, a pessoa ainda assim pode ser má e vingativa. Colocar o sexo entre parênteses não resolve os problemas da personalidade. Você pode se livrar do sexo e ainda sofrer tormentos, você ainda pode ser um demônio assombrado por demônios. Livrar-se do sexo não resolve o problema do mal, ou, em termos menos moralistas, da pulsão destrutiva ou impulso ou tendência.

O problema da personalidade não é resolvido ao se focar em apenas uma coisa. O sexo é bastante dramático; com certeza captura a atenção. Mas frequentemente mascara o egocentrismo, a vanglória e a vontade de poder. Nossas várias tendências desempenham importantes papéis, contribuem para a cor, a complexidade e para o gosto da vida. Mas elas ficam desorientadas, se tornam destrutivas assim como generativas. Durante a maior parte da carreira de Freud, a ansiedade estava associada à libido. Por volta do fim, e especialmente como foi elaborado por Melanie Klein, a ansiedade foi associada a uma força que Freud chamou de instinto ou pulsão de morte. Será que alguém pode extirpá-la? O que isso pareceria?

Muitos de vocês conhecem a história do cabalista que deplorava a inclinação para o mal. Ele rezou tanto para que ela se extinguisse que Deus concedeu o desejo e quando ele acordou muito daquilo que fazia a vida respirar e pulsar, tinha desaparecido. O impulso destrutivo, também, alimenta a vida, é parte da vivacidade. E alimenta a culpa.

Homero começa o cânone da literatura ocidental com a palavra "ira" ou "fúria". Ele não começou com "luxúria". Era ira por causa de um crime de luxúria, um roubo erótico. Um homem roubando a mulher do outro. A ira está muito frequentemente próxima a um sentimento totalmente ofuscante. Temos frases: ira impotente, ira inútil. Ira da injustiça, mas também ira pela nossa vontade não satisfeita, pela perda de controle, pelo poder, por não sermos o mestre. De certa forma Nachman foi vitimizado pela análise incompleta da condição humana. É fácil focar no sexo, é tão óbvio. Mas e uma força agressiva profunda que é em parte erótica, e, no entanto, tem sua trajetória própria? Um impulso destrutivo a um só tempo erótico e antierótico?

Há prazeres agressivos e uma inclinação interna que vai além do prazer, um impulso para destruir tudo e continuar destruindo. A Satã foram atribuídos componentes eróticos e persecutórios, odiar o amor, amaldiçoar a existência. Qual era a vontade e a contravontade dele? Quão perto chega do gradiente destrutivo que Bion prevê? Uma força destrutiva que destrói a si mesma e continua destruindo. Nunca ouvimos que Satã, uma personificação dele, destrói a si mesmo. Será que Bion prevê uma força destrutiva que Satã não poderia ter imaginado?

Na literatura grega, *húbris*, no catolicismo, orgulho – primos próximos. Bion tem inúmeras formulações complexas; não se deve enfatizar uma fora do contexto. Um traço que corre no trabalho dele é que nossas personalidades são problemáticas. Mesmo nossa consciência é um problema. Somos perturbações para nós mesmos. Como um bebê, eu entro e saio da consciência. Não suporto muita consciência. Durmo, acordo, durmo, acordo. Suzuki fala de cochilar, acordar como um homem velho, não resistir a cair no sono, retornar. Em relação a isso comparou o estado dele de homem velho ao de um bebê. Claro, ele continuou a falar e a escrever em idade avançada também. Lembro-me de Harold Boris no ano em que morreu ter escrito seus dois melhores livros. Ele não conseguia ficar acordado por muito tempo. Ele dormia, acordava, escrevia, dormia. Uma vez ouvi Elizabeth Sewell dizer que ela sabia quando estava pensando porque tinha que ir dormir logo depois. É um trabalho árduo suportar a consciência. É duro estar consciente. Alguns sábios dizem que raramente estamos conscientes. Alguns sentem que precisamos trabalhar para alcançar a consciência, mesmo quando estamos "conscientes" (o que é conhecido por andar-dormindo). Se Einstein disse que pensou apenas uma vez na vida, aonde isso leva o resto de nós?

A consciência é dura de ser suportada. Bion chama a atenção para como a intensidade da experiência é dura de suportar. A vida psíquica é dura de suportar. Evoluímos de maneira desigual. Evoluímos de tal forma que podemos ter experiências de grande intensidade, mas falta equipamento para suportá-las. Os produtos de nossa experiência estão à frente de nossa habilidade de digeri-los. É como se aquilo que nossa personalidade produz fosse demais para nós. Nossa capacidade experiencial é demais para nós, demais para ela mesma. Ficamos atrasados em relação às possibilidades experienciais. Freud diz que nós morremos porque nosso caráter conflituoso nos desgasta. Na perspectiva de Bion isso acontece mais porque nos falta equipamento para suportarmos as impressionantes capacidades que nós temos. Tal suporte, se for desejável ou possível, requer uma evolução mais avançada.

Por agora não podemos suportar muito de nós mesmos e, como resultado, evacuar a nós mesmos de todas as maneiras. Usamo-nos de maneira criativa por um lado, mas também tentamos nos livrar de nós mesmos, como se a dor de estar vivo fosse demais. Scott (1975) escreveu sobre o conflito entre acordar e dormir. Uma tensão que também se aplica a viver e morrer, refletida nos fluxos e refluxos, de maior ou menor vivacidade através do dia ou do período de uma vida, momentos de realização pontuados por dar um tempo a si mesmo.

O problema da falta de equipamento suficiente para nossa capacidade marca uma dificuldade mais geral do que fixar nossos problemas com o sexo ou com a agressão, embora esses não estejam livres de problemas. Precisamos meditar sobre nossa insuficiência em face de nossas próprias capacidades, mais do que culpar o sexo e a agressão pelos nossos problemas. Culpar o sexo e a agressão nos distrai da desigualdade de nossa evolução, do nosso não saber o que fazer conosco. Parece que temos uma propensão a responsabilizar que é contagiosa: é culpa sua, é culpa minha, atribuindo tudo a uma causalidade simplificada quando as situações são imponderavelmente complexas e confusas. Talvez seja a nós mesmos e a nossa particular desigualdade na evolução que não conseguimos suportar muito. Temos que aprender a ser parceiros de nós mesmos, mesmo que tome milhares de anos. Talvez devêssemos parar de tentar fixar o rabo do burro e tentar trabalhar com o sistema como um todo.

Deixe-me recontar um conto de Kafka. É sobre um homem procurando a lei. Ele encontra um porteiro que impede seu acesso. O homem pensa se de qualquer maneira pode entrar, mas é avisado de que mesmo que consiga enfrentará porteiros piores. O homem exaure suas forças, mas não consegue ter acesso. Finalmente, a visão dele fica escura. Será que ele está morrendo? Está mesmo escurecendo? No entanto, enquanto escurece, ele vê uma luz radiante brilhar através da porta pela qual não pode entrar.

A luz brilhando através da escuridão quando tudo está exaurido é um tema antigo. A história de Kafka enfatiza a frustração, lei e luz para além do poder do homem de personificar, sempre um pouco além do alcance. E, no entanto, há um sinal de radiância. Estou tentado a dizer que a luz é o nosso centro, assim como está um pouco além do alcance. Para Kafka e Nachman, um elemento distante, tentador e soturno, é crucial (Kamenetz, 2010). Alguma coisa faz com que o homem se apegue, a promessa da lei, a vinda da luz. Para Nachman, devoção. Para Kafka, não tenho muita certeza, talvez um anseio, uma necessidade, uma recusa de algo menos. A falta como iluminação, uma falta intransigente através da qual a radiância brilha.

Lei e radiância, radiância escondida. Penso em um dos CDs de Statman, *The Hidden Light*. Andy Statman é um clarinetista, tocador de bandolim. E um seguidor de Nachman. Muita coisa em sua música dá expressão ao misticismo judaico. Uma vez por ano ele toca seu clarinete no túmulo do Rabino Nachman na cidade ucraniana de Uman, onde há uma mútua infusão de força espiritual, graça, alegria, devoção, tristeza e luz.

Mas há mais da história de Kafka. O homem não vai viver muito mais depois de ver a luz. A força que lhe resta se condensa em uma questão: todos procuram a lei. Serei eu o único que tentou entrar?

Por que não há mais ninguém aqui? O porteiro chama o homem de insaciável, mas responde, "Ninguém mais está aqui porque essa é a sua porta, apenas sua, feita apenas para você. Agora, acabei de fechá-la". E a porta se fecha enquanto o homem morre.

O porteiro chamou o moribundo de insaciável. Não são sexo e agressão que são insaciáveis, mas um arder pelo contato com a Lei e com a Luz, uma necessidade de alcançar o lugar de origem, uma pulsão em direção Àquele que tudo nutre. A porta para sempre fechada é um verdadeiro núcleo emocional na vida de Kafka, a porta feita apenas para mim, fechada para sempre. Um estado real que Kafka explorou nas suas histórias: barrado para sempre.

Em algum momento Kafka estava fazendo aulas de hebraico e pensando em ir para Israel, talvez apenas uma fantasia. Mas algo se mexeu, virado pelo *Ruach Elohim*, o Espírito Santo. Um profundo estado duplo: fé mais profunda do que a falta de fé e falta de fé mais profunda do que a fé. Uma realidade dupla.

Agora, mais umas poucas palavras sobre Nachman. Quando criança, Nachman falava com Deus com apelos do coração. Algumas pessoas se deparam com Deus quando crianças. Não com a igreja ou com o templo – com Deus. Simplesmente acontece. As pessoas tentam conter esse acontecimento com o pensamento mágico ritualístico. Moisés conteve sua Visão, seu Encontro, com as Leis. Onde quer que haja lei, há alguém que não consegue obedecê-la. Por exemplo, o homem de Kafka que não consegue passar pela porta, não consegue alcançar e viver a lei. Nachman falava com Deus com seu coração. Você se lembra de falar com Deus com apelos do coração? Eu, com certeza, lembro. Mas histórias e sensibilidades diferem.

Nachman desenvolveu falar com Deus com seu coração como um método. Um tipo de método psicanalítico. Ele despejava seu coração, todas as suas falhas, dores, receios, necessidades e esperanças. Um despejar que se tornou um método, um método de oração e crescimento interno. Ele diferia de muitas autoridades religiosas quando defendia que se deveria expressar seu sentimento mais íntimo em qualquer linguagem que fosse natural para você. Se a língua sagrada, hebraico, a língua oficial das orações não é natural para você, fale em ídiche, a língua predominante do seu povo. Fale na sua língua nativa, da maneira mais verdadeira e pessoal que puder. Quando atravessei minha fase mais séria e ortodoxa, um rabino com o qual eu trabalhava ao perceber de onde eu vinha, disse, leia a Bíblia em inglês. Eu cresci ouvindo um pouco de hebraico, que se tornou parte de mim. Mas não há necessidade de fingir diante de Deus. Ele sabe que o inglês é minha língua materna. Não há nada de errado em chorar em inglês. Não se preocupe com os oradores oficiais. Apenas, faça contato. Para Nachman a prece do coração era um caminho para a vida toda.

Mais, ele praticava e ensinava a seus alunos não apenas um coração choroso, mas também um coração partido. Partir seu coração ao falar com Deus. Penso nos profetas: transformar seu coração de pedra em um coração de carne. Uma das razões porque relacionei o método de Nachman com a psicanálise foi porque a psicanálise é chamada de "cura pela fala". É muito mais complexa e sutil do que isso. Mas a fala é uma grande parte dela. Dizer o que te ocorrer, sentir o que vier, dando voz a isso. A fala do coração partido de Nachman era um pouco como isso. Ele era como Kafka, na medida em que sentia que não importava como despejasse o coração, Deus não o notava de forma alguma. Ele falava, mas não era ouvido. Muitas e muitas vezes ele tinha a experiência de suas emoções não serem encontradas, talvez como um bebê cujo choro não é ouvido, cujos sentimentos são ignorados. Parecia a ele que era sempre afastado como se não fosse querido.

O sentimento contra o qual ele lutava aparece em sonhos. Na minha experiência, a maioria das pessoas têm sonhos de terem sido deixados de fora, não desejados, exclusão, exílio, solidão. Nachman maximizava o sentimento: muitíssimo não desejado. Dias e anos se passavam e ele continuava longe Dele, nenhum estado de proximidade, mesmo. Esse estado me lembra Jesus ao morrer dizendo, "Pai, por que me abandonaste?". O que Nachman e Jesus encontram? Não apenas destituição, mas uma dimensão mais profunda da solidão como parte do coração humano.

O estado ao qual Nachman se submete requer pensamento sensitivo. Nachman tinha um profundo senso de intimidade com Deus, uma proximidade inconsciente, às vezes consciente ou semiconsciente. Parte do sentimento dele de falta de proximidade devia-se a que sempre poderia haver maior proximidade. A íntima proximidade dele com Deus não podia ser exaurida. Mais era sempre possível. Ele nunca estava perto o suficiente. Diz-se que à medida em que o sábio progride, falhas cada vez menores parecem cada vez maiores. Em parte, deve ter sido algo assim com Nachman: a docilidade da proximidade fez a distância mais dolorosa. Que sempre possa haver maior proximidade é algo que magnifica a distância. Estar perto é estar longe. Ele não ficaria atormentado pela proximidade que não tinha se não houvesse já provado a proximidade. Ele não saberia rezar por uma capacidade que não existisse; mais provável que tenha rezado por algo de que ele quisesse mais. Ele nunca estava satisfeito. Suspeito que sua falta de proximidade fosse mais íntima do que o meu mais alto senso de proximidade.

Apesar disso, não devemos minimizar o estado que ele expressa. Distância agonizante do Adorado, do Centro, do Lugar (*Hamakom*), torna-se um caminho, um portão. Nachman não se moveu. Recusou-se a abandonar seu abandono. Ele não saiu ou escapou para longe do momento de Deus. Conforto não ajudou. Ele ficou e ficou com aquele estado ano após ano. Penso em Bion falando de certas experiências emocionais como problemas insolúveis. O que se pode fazer com a emoção como um problema insolúvel? Conviver com ela. Prestar atenção. Esperar. Se você convive com ela sem se render a soluções que distraem, o problema pode não mudar, mas você vai.

Nachman, às vezes, ficava deprimido quando, apesar de todos os seus apelos do coração, não ganhava nenhuma atenção e permanecia longe de Deus. No entanto, se o que ele sentia era afastamento, esse afastamento tornou-se uma ligação com O Mais Íntimo de Todos, Aquele que está mais perto de mim do que eu estou. A depressão como uma resposta à perda de ligação. Não estou sugerindo que você siga sua depressão até o final amargo, desde o começo, se isso fosse possível. O caminho de Nachman não vai funcionar para todo mundo. Se o que sugiro é menos severo, ainda assim é desafiador e libertador. Deixe o estado entrar, nesse caso, distância, separação, perda, não ter. É um alívio não ter que mantê-lo longe. Não se deve ter que lutar contra um estado ou fazer de conta que ele não existe. Ser capaz de deixar um sentimento entrar e dizer, isso é assim, isso é parte de mim, o modo como as coisas são, o modo como me sinto. Um alívio não ter que fazer de conta que não seja. Não tenho que preencher o vazio com "preenchedores" apenas para que fique preenchido.

Nos pontos baixos, Nachman parava suas orações pessoais por alguns dias, depois era assolado pela vergonha por ter colocado a bondade de Deus em questão. O que é este sentido básico que ele tem, a bondade básica que continua a fluir e ressurgir? Ele não pode se livrar da bondade básica e também não pode se apegar a ela. Ele começa, então, a pedir como antes. Essa sequência aconteceu muitas vezes, um tipo de ritmo básico. Não era bem a perda do retorno-da-fé da fé, mas alguma coisa parecida. O declínio de algo importante e o reencontro ou rememoração: perda e reencontro do contato, dedicação, renovação. Nachman observou que estava em constante estado de renovação.

* * *

Intervalo

* * *

(Houve um salto na gravação, então parte do seminário se perdeu.)

Quando criança, Nachman mantinha seus dilemas e problemas escondidos. Era como se ele tivesse cuidado de si mesmo durante um longo tempo numa espécie de útero psíquico. Em parte, ele sentia que suas preocupações internas seriam danificadas se fossem ventiladas. Ninguém entenderia. E mais, ele sentia que aquilo pelo que estava passando estava além da compreensão. As pessoas iriam tentar dissuadi-lo delas – não é tão ruim, você vai crescer. Ele aprendeu em tenra idade que se você passa por profundos estados intensos, as pessoas vão tentar tirar você deles, minimizá-los, varrê-los. Então, ele os manteve para si. A psicanálise e as tradições esotéricas compartilham a preocupação com algo escondido. A Cabala pretende dar o significado escondido, verdadeiro, secreto da Torá– o real significado. E Freud pretende revelar o que está escondido na psique. Ele chama o *id* de verdadeira realidade psíquica. Preocupação com segredos – algo que a psicanálise e a Cabala compartilham.

Demorou muito para que Nachman assumisse e tentasse ser um sábio, o *tzadik* que ele sentia ser. Intermitentemente ele assumia e depois se retirava. Em um sentido, sentia que não havia revelação como a revelação dele. Sentia que era o *tzadikhador*, o *tzadik* da época. Outros *tzadiks* empalideciam de compaixão, ele era aquele que realmente sabia. Em outro sentido, sentia que não sabia nada, que não era nada digno. Quando era mais novo ele se esquivava da controvérsia. Sentia que a controvérsia danificaria se não se estivesse pronto. Por outro lado, sentia que se revelasse os ensinamentos dele as pessoas iriam desmaiar. Quem estava pronto para ouvir e suportar as verdades que ele conhecia? Como Kafka, ele pediu que seus escritos não publicados fossem queimados depois de sua morte. Talvez temesse que fossem mal compreendidos e mal utilizados. Ninguém estava pronto para os segredos, para as revelações sobre a natureza de nossas vidas e nosso relacionamento com Deus. Algo está tentando nascer, mas o nascimento não pode ser apressado. Não é um dilema fácil: nutrir em segredo o experiencial, o trabalho emocional, os mensageiros, ou adentrar uma controvérsia pública e arriscar se machucar. Uma tensão entre gestar e parir.

Quando Nachman se revelou, sentia que não havia páreo para o seu ensinamento. Ele tinha um aspecto expansivo, assim como um aspecto autodenegridor. Ele via outros *tzadikim*, pessoas sábias, encontrando seus nichos seus níveis. Ele, por outro lado, não conseguia ficar em um nicho. A cada momento sentia que era outra pessoa. Professores entravam em controvérsias de seus nichos. Uma vez que Nachman continuava mudando, alcançando novos níveis, as controvérsias que o seguiam nunca acabavam. Nesse estado ou atitude, Nachman não queria que nenhuma hora passasse sem um movimento além, a luta constante um caminho necessário para o crescimento, possibilitando a ele que se movesse de lugar para lugar, abrindo o paraíso. Não era apenas luta contra outros professores, mas com sua própria natureza, natureza sexual, por exemplo. Quando estudantes reclamavam de exaustão. Ele podia replicar que descansaria em paz se não houvesse lugares espirituais que só pudessem ser encontrados com a luta.

Nachman notou que a controvérsia estava em todo lugar, entre as nações, dentro das famílias, indivíduos e grupos. Sentia que todas as controvérsias eram uma, provindas da mesma fonte. Em termos psicanalíticos podemos dizer que elas emanam de nós, de nossa natureza humana, nossa constituição, nossa mistura de amor e agressão e muito mais. Às vezes a mistura é mais destrutiva, às vezes mais generativa. Para Nachman ligar brigas dentro da família com brigas entre grupos mostra uma aguçada visão psicológica. Ele mantém os olhos nas brigas e em suas transformações. Se olharmos para a história humana, brigar é uma das constantes. Quem briga com quem muda. Mas a briga como uma ligação emocional é invariável. As guerras continuam independente de quem briga com quem pelo que quer que seja. É para o fato da guerra que Nachman dirige seu rastreador, seja nas famílias, nas nações ou em si mesmo.

Mesmo aqueles que tentam ficar fora das querelas, sucumbem. Penso em pacientes que querem paz. Alguns meditam, outros perdem-se na pintura, imersões profundas. Eles alcançam um lugar que faz parecer como se as fricções familiares fossem ser resolvidas. Como disse uma pessoa depois de uma tarde de paz: "Senti que agora as coisas ficariam melhor com minha mulher e filhos". Levou apenas alguns minutos na mesa de jantar para que todo aquele inferno começasse. Nos sentimos de maneiras diferentes em diferentes estados. Percorrendo a escala de guerra e paz.

Nachman sugere que se a guerra está no *self*, no lar, na nação, qualquer lugar em que pudermos fazer a diferença pode afetar outros lugares. Se nos tornarmos menos beligerantes em casa, será que as nações vão guerrear menos? Acho difícil, mas ao menos o lar pode ser menos uma zona de guerra. Talvez trabalhar com nossa natureza emocional em qualquer nível possa afetar os outros. Minha esperança é que cada pedaço conte. Mas será? Importa para *mim*.

Isso é suficiente? Será que jamais será suficiente? Se minha vida pode ser um pouco melhor, isso também não conta? E que tal a crença de que se você afeta qualquer coisa em qualquer nível, você afeta todo o cosmos?

Mais um comentário sobre Nachman e a guerra. Ele percebe que, se um homem sentado sozinho em uma floresta fica louco, poderia ser porque todas as partes beligerantes estão dentro. Não há outros do lado de fora com que se possa dividir o impulso e a agressividade. Brigar com os outros nos salva de ficarmos loucos, nos salva de termos que encarar a agressividade de dentro. Não é apenas falta de contato que nos faz enlouquecer, mas todas as nações beligerantes dentro sem nenhum lugar para ir. Somos despedaçados por nós mesmos. Podemos ser gratos à nossa família, aos vizinhos, às nações por nos manter sãos. Precisamos de alguém com quem brigar.

Num outro tom está a extravagância dos "altos" de Nachman. Ele achava que as pessoas iam desmaiar se ouvissem seus ensinamentos. O mundo não estava acostumado com níveis espirituais tão elevados. A música de seus ensinamentos evocaria tamanho anseio e arrebatamento que toda a natureza cantaria de satisfação além de si mesma. Tudo iria desfalecer em arrebatamento uma vez que a alma de todo ser voaria cada vez mais alto. Isso me lembra do significado básico de êxtase, desmaiar de si mesmo, ir além ou para fora de si, "sobrecarregado". Um sentido de "atravessar" faz parte de muitas formas de experiência espiritual. No budismo há o atravessar do *samsara* para o nirvana ("o outro lado"). Na Bíblia, atravessar um rio para um outro nível de vida é uma imagem recorrente, desde Abraão, talvez desde Adão e Eva.

Nachman dá exemplos de tudo sinalizando. A terra sinaliza, a grama sinaliza, cada pedaço da existência com sua própria canção.

Ele fala sobre porque alguns pastores foram músicos, como o Rei Davi. O pastor ouve a terra cantar e através de suas próprias canções alimenta as plantas para o seu rebanho. Plantas e flores crescem através da música. A canção do pastor inclui a canção de todos os seres e abre novas possibilidades. Quando perguntado como se deve responder a um ateu, ele respondeu, com música. Nachman tinha uma noção magnífica de beleza, natureza e música. Havia períodos em que ele sentia que dançar elevaria a alma daqueles que não conseguiam elevá-la sozinhos, e ele não fazia mais nada além de dançar. Dizia-se que às vezes a dança dele era tão parada, tão voltada para dentro que não se podia vê-lo mexer. Paralisação e movimento eram ambos importantes para ele.

Ele viajou muito, espelhando sua alma incansável, não contente com o que havia alcançado por muito tempo, sentindo mais. Desenraizou-se de sua família contando com as necessidades ou intuições. Nunca se sabia onde o espírito poderia levar. Ele foi expulso de uma cidade por haver criticado os *tzadik* locais. Nachman afirmava que era o *tzadik* verdadeiro, o *tzadik* da época, levando a vida espiritual a níveis que os rabinos locais não alcançavam. Ele encontrou seu caminho numa cidade chamada Bratslav e tornou-se conhecido como Nachman de Bratslav, onde estabeleceu uma escola e tinha seguidores, antes de ir para Uman onde está enterrado.

Houve período em Bratslav em que bater palmas tornou-se importante para ele. A oração deveria fazer com que você se sentisse como se estivesse batendo palmas. Se não ouvisse as palmas se perguntava se seus estudantes estavam mesmo rezando. Rezar com todo o seu ser podia assumir tantas formas: de coração partido e de coração cantante, de confissão, luta, dança e de bater palmas. O som de uma mão batendo palmas? Um universo batendo palmas? Todos os corações quebrando, cantando, dançando, batendo palmas.

Quando perguntado como responder a um ateu, ele disse, "Pense nas profundidades da prece, num momento em que suas preces foram atendidas". Nas profundidades da prece, a prece em si é a resposta. Não é apenas uma questão de preces se tornarem verdade, mas das preces serem verdade. Alguns momentos das preces abrem as verdades mais profundas, em geral, para além das palavras.

> *Um jovem vai a seu pai, um rabino, e pergunta: "Rabino, Rabino, você pode me dizer como eu posso alcançar o que você alcançou?" Como ele pode alcançar o lugar espiritual que seu pai alcançou? O pai dá a ele textos para ler. O filho lê tudo o que lhe foi dado e mais, ávido por procurar e crescer. Mas não encontra o que está tentando alcançar. Novamente ele vai ao pai e, dessa vez, diz "Papai, li tudo o que você me deu e não cheguei perto de encontrar o que procuro".*
>
> *Dessa vez o rabino responde como pai, como papai. "Quando li tudo isso, também não encontrei a Fonte de Toda Vida. Eis como aconteceu para mim. Eu era um jovem rapaz, o Baal Shem Tov estava falando em uma cidade não muito distante da minha, então, fui ouvi-lo. Enquanto eu andava uma nevasca veio. Meus sapatos eram inúteis, meu casaco, fino. Tive medo de congelar até a morte. Estava exausto, não conseguia me mover. Chorei e chorei, mesmo na nevasca não conseguia conter minhas lágrimas. Antes que eu notasse, minhas lágrimas se tornaram uma prece, "Deus, não consigo me mover, não consigo dar outro passo. Por favor, por favor, me ajude a ouvir o Baal Shem". Naquele momento um cavalo e uma carruagem apareceram e me trouxeram para a cidade. Segui as luzes nas janelas até um pequeno lugar*

que parecia uma shul *(casa de adoração e estudo). O Baal Shem Tov parecia estar esperando por mim. "Viu, suas preces foram atendidas." O filho entendeu. Não era dos livros, mas da vida, da prece que é a vida, que se pode viver a verdade do próprio ser (parafraseado de Schachter-Salomi & Miles-Yepez, 2009, pp. 130-131.).*

O rabino destaca um momento de desespero, a prece como uma explosão, um clamor. Não é luxo, supérfluo, decoração, mas um momento vivo de temor, perda e amor. Nachman generaliza esse momento como um caminho. Ele diz a seus alunos, falem dos seus corações nas suas próprias palavras, nas suas línguas. Falem de qualquer maneira que faça seus corações se partirem. Expressem seus corações para Deus. Palavras e lágrimas das profundezas das suas vidas.

Nachman sentia que descendentes do Baal Shem Tov tinham uma capacidade especial de derramar seus corações para Deus porque eram descendentes do Rei Davi, cujos salmos eram tamanha efusão. Quando eu estava sendo ensinado em Crown Heights, no Brooklyn, pelos dois velhos que mencionei, eles diziam que o Messias carrega a alma do Rei Davi e que existia alguém em nossa época que poderia carregar essa alma, o *Rebbe* Schneerson deles, mas não estava acontecendo. E, embora a religião deles ordenasse que esperassem diariamente pelo Messias, sentiam que não era provável que acontecesse na época deles, pela razão que fosse, mas esperavam que acontecesse na minha. O sentido de realidade deles triunfava sobre o desejo de satisfação, mas o sonho permanecia vivo.

Devo resumir novamente os três caminhos que Nachman ensinou e viveu: luta constante; dança, canção, música, beleza; e falar através de um coração partido.

Agora, mais algumas colocações para dar um sabor da vida e dos ensinamentos de Nachman, com foco particular nos sabores emocionais. Sentimentos tem, sim, sabores, cores, sons, e nós temos papilas gustativas psíquicas.

Houve uma época em que Nachman tentou atrair estudantes indo para o retiro com eles, vivendo na floresta. O Baal Shem Tov adorava estar na floresta. Não é que ele apenas fizesse suas preces e meditasse na floresta, mas a própria floresta era um tipo de prece. Nachman incitava alguns para irem com ele. Ele achava que os estudantes teriam uma chance melhor de abrir a realidade espiritual, longe da rotina com a qual estavam acostumados. Os pais daqueles que deixavam os lares para seguir Nachman não gostavam disso.

Um dos modelos dele era o Abraão bíblico. Há uma história em que Abraão foi de cidade em cidade correndo pelas ruas, parecendo um louco em um estado aflito e alarmado. Isso fez com que pessoas corressem atrás dele para ajudá-lo. Abraão usava isso como uma estratégia para falar de Deus. Ele era muito persuasivo para alguns e apto a argumentar com muitos. Nachman também fazia quase tudo para trazer as pessoas para perto de Deus. Apesar de tais meios extraordinários terem tido seus momentos, não eram, em geral, bem-sucedidos. Mas as tentativas expressivas de Nachman gradualmente fortaleceram sua ideia de que ele era o *tzadik* da época, aquele que podia ver as necessidades de cada alma, cuja alma continha todas as almas, e, através de um sentido intuitivo, libertava as almas dos outros.

Uma variação da alma que contém todas as almas tem o sentido de que o *tzadik* contém o que cada alma perdeu ao nascer. Antes da concepção e do nascimento, cada alma sabe, e ao nascer "perde" a consciência daquilo que deve ser feito na vida. A vida é, em parte, uma busca daquilo que se perdeu ao nascer. O *tzadik* se torna um condutor unindo as almas com o que perderam, para que possam estar mais perto de realizar suas missões. Para tal, o *tzadik* deve antes encontrar sua própria perda, um processo que o habilita a encontrar as perdas dos outros. Um dos resultados é que o *tzadik* é um depósito das perdas de todos. Encontra-se a própria perda através do *tzadik*.

Aqui está mais outra afinidade entre Nachman e a psicanálise. Percebemos que o transbordamento de Nachman de seu coração, dizendo tudo para Deus, tem alguma semelhança com a associação livre. Há maneiras de se falar o que quer que seja que leva ao crescimento. Na descrição de Nachman de encontrar a perda de alguém através do *tzadik*, temos um vislumbre da ênfase de Freud no analista descobrindo dentro dele mesmo aquilo que pode ajudar os outros a encontrar. Estamos cônscios, também, de como cada pessoa ajuda a outra, jornadas de ajuda mútua.

(Uma pergunta que a fita não capta é feita.)

Há muitas histórias, mitos e fábulas na Cabala. Uma que informa sobre um aspecto que abordamos envolve o estilhaçar dos vasos – Cabala Luriânica. Bion menciona o Rabino Luria, que ele descreve como portador da função messias-gênio. Bion contrasta o que chama de *Establishment* com aspectos Gênio-Messias da personalidade, tensão entre forças mais conservadoras e forças mais criativas, tendências da pessoa, de grupos, da sociedade. Luria e Jesus estão entre aqueles que ele cita como portadores da função messias-gênio, uma função criativa que abre novos solos na visão e experiência humanas.

Luria nasceu em Jerusalém no século XVI, estudou no Egito, e, através de discussões com professores de um passado distante, incluindo Elias, mudou-se para Safed, Israel, onde ele escavou seus talentos espirituais. Luria sugeriu que para abrir espaço para a criação, Deus contraiu. Se Deus estava em todo lugar e preenchia a existência, como haveria espaço para o mundo e para os outros? Se Deus fosse simplesmente expansivo, haveria espaço para nós? A contração de Deus cria um vazio tornando a criação possível. Jacob Boehme, um místico alemão, cerca de cinquenta anos mais tarde, também postulou que Deus contraiu para abrir espaço para a criação. Luria, nascido em Israel, também tinha raízes germânicas. Havia, através do tempo e do espaço, certas afinidades entre Luria e Boehme.

De certa forma, a lógica deles, de que Deus contrai para abrir espaço para criação, é adorável e frutífera como uma imagem, mas uma curiosa redução de Deus. Se Deus pode fazer qualquer coisa, Deus pode preencher todo o espaço e abrir espaço para a existência (Capítulo 1, "Distinction-union-structure", in *Contactwiththe-Depths*, 2011). Que Deus esteja em todo lugar e que haja espaço para nós é parte de um dos mistérios da criação. Não é preciso postular um vazio para Deus criar. E, no entanto, o vazio, ou algo como o vazio é uma importante parte da experiência. E se Deus pôde fazer qualquer coisa, pôde contrair, encolher, criar um vazio. Deus pôde retrair para abrir espaço para nós, embora Ele não tivesse que fazê-lo

Retrair e abrir espaço. Ao retrair apesar de Ele não ter que fazer isso, Deus demonstra um momento importante: abrir espaço para os outros é uma capacidade importante a ser desenvolvida. Em geral, o que dizemos sobre Deus pertence a aspectos da nossa própria constituição. Se fôssemos apenas expansivos, com frequência, nos perderíamos uns dos outros, não ouviríamos ou veríamos onde o outro está num sentido completo. Muitas vezes penso na contração como um tipo de reverência, abrindo espaço para o outro. A imaginação espiritual de Luria sobre a relação de Deus conosco abre possibilidades sobre nossos relacionamentos uns com os outros e conosco mesmos. Pois é especialmente importante também abrirmos espaço para nós mesmos.

Luria leva as dificuldades da criação a um outro nível, uma visão depois da outra. Deus não apenas contrai, mas também o contrário, movimentos expansivos ocorrem dentro dessa contração. Um movimento expansivo que pretende ser contido abre caminho para a contenção. A emanação de Deus quebra alguns dos vasos feitos para mediar essa emanação. Deus não pôde conter Sua própria energia. Algumas das esferas que medeiam a vida de Deus (ou poder, força, energia, intenção) se quebram. As esferas superiores permanecem intactas, mas as esferas inferiores são estilhaçadas sob o impacto. Esferas superiores e inferiores ou dimensões são descritas pela Árvore *Shepirótica*, a Árvore da Vida, cujos gráficos fluem da força divina através de diversos centros, por exemplo, vontade, sabedoria, entendimento, compaixão, força, beleza, para baixo, em direção às esferas inferiores que tem a ver com a ação em nosso mundo (Apêndice 1, *Ein Soft* e os *Sephirot*, Árvore da Vida). Essas últimas se estilhaçaram sob o impacto divino, com a implicação de que nosso mundo é, num sentido profundo, existência estilhaçada. *Shekinah*, a presença de Deus no nosso mundo, é descrita como feminina, mas despedaçada. Nossa tarefa é ajudar a reparar os vasos quebrados de Deus, que transmitem Deus e, no entanto, nos criam. Alguns dizem que nossa tarefa é ajudar a curar Deus e Sua Presença no mundo, o que envolve curar a nós mesmos.

As esferas inferiores são onde vivemos, emoções em ação. Deus é como uma criança de dois anos em uma creche, sem conhecer sua própria força ou impacto. As coisas quebram. Alguém ousa dizer que Deus é como um bebê que não sabe o que está fazendo? Essas imagens expressam sentimentos, nosso próprio relacionamento com o novo. Quando aprendemos a respeito de algo novo temos que tatear para nos relacionarmos com ele. Nessa visão, Deus é um iniciador quando se trata de criar nosso universo e a nós e deve aprender o que fazer com o Poder que "usa", o Poder que Ele é. Deus é demais para Sua própria energia. Talvez Ele não tenha contraído o suficiente. Talvez estejamos sempre sob o perigo de explosões incontroláveis da energia divina. A energia criativa foi demais e as esferas que tentavam contê-la e mediá-la se quebraram. Um dos temas ressonantes de Bion é a importância da catástrofe na vida psíquica e as dificuldades envolvidas ao se tolerar intensidades criativas e emocionais de muitos tipos, um tema ao qual espero retornar mais tarde.

> *Membro do público*: O relacionamento entre Deus e nós é recíproco. A quebra dos vasos nos ensina a abrir espaço para Deus. Na arte japonesa do bonsai, as plantas em miniaturas, a planta nunca é plantada no centro do recipiente, é sempre plantada descentrada, porque o centro é reservado a Deus. Então, aprendemos que no próprio coração deve haver algo recíproco, deve haver um nada para abrir espaço. Acho que a mensagem de Luria era que se Deus pôde fazer isso, então, nós também podemos.

> *Resposta*: Esse poderia ser mais um raio no círculo (Apêndice 3: círculos e raios), um raio positivo. No raio particular delineado por Luria, quebramento, o estilhaçar se tornam parte da existência – dor, desgraça, tristeza, sofrimento. Não se pode esquivar do sofrimento. E, no entanto, você está certo em apontar a importância de se abrir espaço, trabalhar para poder abrir espaço, que é parte do aprendizado, parte da iluminação. Luria adiciona a isso uma visão de centelhas enterradas, centelhas divinas enterradas no quebramento e no nada. Centelhas que podemos escavar e ajudar a serem soltas. Centelhas divinas enterradas na nossa própria existência, na nossa própria psique, nas nossas próprias vidas.

Um aspecto da reciprocidade é aprender a nos tornarmos parceiros de nossas próprias capacidades. Permitir que o trabalho das centelhas iluminadas nos liberte. Centelhas divinas operam em nós, ajudam na transformação. Centelhas enterradas como potencial criativo, Centelhas de nossas próprias vidas, de potencial divino. Winnicott, lembra, fala de uma centelha vital que é parte do ser do bebê, a necessidade de ser pastoreado. A Cabala fala que precisamos ajudar a soltar centelhas aprisionadas. Tenham em mente, também, que essas centelhas trabalham sobre nós, em nós como um estímulo para a transformação. Bion escreve sobre Transformações em O. Falamos disso mais cedo. Muito do trabalho da transformação acontece fora da nossa consciência. As próprias centelhas são ajudantes ocupadas, parte do "material" do processo de transformação. Por exemplo, na meditação, muitas vezes sentimos alguma coisa acontecendo, embora não possamos dizer o que. Alguma coisa está acontecendo, alguma coisa em nós está abrindo caminho, abrindo, mudando, embora não possamos precisar o que seja. Esse é apenas um exemplo da Transformação em O, o trabalho acontecendo na realidade psíquica, elusivo, mas que faz a diferença.

Nachman, aproximadamente duzentos anos antes de Luria, aplicava noções do elevado-inferior para ensinar como se deve falar com as pessoas. A Cabala, assim como Aristóteles e Platão, fala de funções elevadas e inferiores, planos espirituais, níveis de existência. Nachman estava sempre tentando alcançar níveis espirituais elevados. Nos termos de Nachman, para estar mais perto de Deus vai-se cada vez mais alto, abrindo dimensões celestes da alma. Alguém poderia dizer que essa é uma maneira de falar, uma maneira de dar expressão aos sentimentos, aos fatos ou às possibilidades internas. Deus não é localizável em cima ou embaixo, na direita ou esquerda, aqui ou lá. Deus pode ser pensado como um ponto interno dentro, ou como nenhum ponto em lugar algum. O judaísmo diz que nenhum nome ou imagem consegue. Alguém poderia dizer que há uma influência grega em muitos pensamentos e muitas das visões cabalísticas de acima-abaixo. Ao mesmo tempo acima-abaixo é uma linguagem relacionada com nosso corpo, postura ereta, cabeça (olhos) acima do resto. Como uma forma de transcender ou complementar os domínios ereto e visual, Bion pergunta repetidamente como a vida parece através da respiração, cinestesia, propriocepção, pele, barriga-mente, e Freud usava o recurso de pedir ao paciente para deitar e não encarar o analista para se libertar um pouco da postura ereta. Muitos de vocês já pensaram na associação de ouvir, escutar, *Sh'ma*, ouve, Oh Israel-escuta. A Bíblia tem passagens sugerindo que se fique quieto, parado e ouça Deus.

Mais elevado e mais inferior desempenham um importante papel na direção espiritual, obtendo e aumentando a consciência espiritual. Para as pessoas para quem Nachman parecia estar num degrau inferior, mais simples, ele dizia: "Deus é tudo em todo lugar". Ele fazia com que fosse mais fácil encontrar e estimular a fé. Não se pode escapar de Deus, ele é tudo o que você faz. Para aqueles que eram instruídos e secretamente orgulhosos de suas mentes, ele dizia "Deus é misterioso, desconhecido, inapreensível". Uma lição antiga que nunca se esgota, Deus não é definido ou confinado por representações.

Nachman distingue entre fé escondida e fé revelada. Ele era um judeu observador. Seguia a Torá ao pé da letra da melhor maneira que podia. Como um místico havia um sentido de que as leis da Torá conduzem a Deus, caminhos para, e ao Um. Nesse nível há uma certa claridade, regras do que fazer e não fazer, costumes, rituais. Um rabino uma vez explicou para mim que as leis e os costumes comunicam o que Deus quer de você. Você não pergunta ao amante porque quer assim e não de outra forma. Você quer agradar o ser amado; você faz. E, no entanto, dimensões escondidas acenam e atraem Freud e Nachman, psicanalistas e cabalistas. Muitas vezes o que está escondido está bem diante dos seus olhos em plena vista. Nesse caso, a maneira como alguém vê ou deixa de ver é o que faz de algo escondido ou não.

Assim como Nachman, Wertheimer (Eigen, 2005, "Guilt" in *Emotional Storm*) diz não se tratar de uma questão de razões, mas de vida, experiência. Se você perguntar a alguém a razão da sua fé, essa pessoa pode falar muitas coisas, mas, no fundo, a fé é sua própria razão. Há um ponto em que as razões não são o ponto. Fé é. Há afinidades na Bíblia, passagens falando sobre a fé de Deus, ligando-a à fé de Jó. Jesus: Pai, porque me abandonaste? Que tipo de fé remonta a Deus das profundezas do abandono? Que tipo de fé é essa quando tudo lhe foi tomado? Que tipo de fé, quando Aquele a quem você chama foi embora, quando não há ninguém a chamar? Uma fé à qual você não pode atribuir nenhuma razão. O puro centro do coração, nada mais. Nachman fala da fé no âmago de um coração partido, a fé de coração partido. "Não há nada mais inteiro do que um coração partido." Um dia ele sente a si como um homem de clareza, um homem de religião revelada. No outro ele é pura fé em si mesma, fé quebrada, destituída, gratuita – a coisa ela mesma. Quando Deus vai embora, a fé é a única coisa. A presença de Deus é ainda mais aguda na Sua ausência. Em tais momentos Nachman considera a comunicação impossível, em outros ele fala lindamente. Há algo que você não pode sequer contar para si mesmo. Você não pode contar a si mesmo o que seja, mas é. Será que alguém como Nachman seria medicado hoje em dia por causa dos estados que ele sentia que eram mensagens escondidas de Deus? Seria o mundo da experiência dele respeitado? Será que alguém seria nutrido e enriquecido por esse mundo? Somos hoje enriquecidos por ele? Estaríamos mais pobres se ele não tivesse transmitido nada desse mundo?

(Um membro do seminário faz uma pergunta relacionando fé e espera, fé como espera, não fica claro na fita.)

Resposta: Para Nachman, o anseio faz parte do caminho. Em certos momentos, certas esferas ou "degraus" da fé, o anseio é um estimulante. Você anseia por mais, você anseia por um contato que vá mais além.

Membro do público: Ou, no contexto do que você disse antes, ansiar pelo que você tem, mas não tem...

Resposta: Sim, exatamente. Nachman disse que tudo tem um coração, tudo na natureza está vivo com um coração. O mundo inteiro tem um coração. É um coração. Ele descreve o mundo coração como um corpo vivo, como *Sephirot*, com cabeça, mãos, pés. A visão dele é grande, magnânima em alguns momentos. Ele diz que mesmo a unha do pé do coração do mundo é mais coração do que qualquer outro coração. Isso me lembra daqueles momentos em que ele sente que está vivendo um dia como nunca foi vivido antes, pensando um pensamento, rezando uma prece tais como nunca foram pensados ou rezados antes, cada vez mais alto, indo além de tudo o que sempre existiu. Mesmo a unha do pé do coração do mundo faz isso. Isso me lembra Marion Milner (1987) escrevendo sobre a consciência do dedão do pé.

Green (2014) escreve uma história de Nachman sobre uma fonte da montanha em um final do mundo e um coração no outro final. O coração espera pela fonte e a fonte anseia pelo coração. Como se poderia esperar, há dificuldades. O sal, ávido para que o coração e a fonte da montanha se encontrem, brilha de maneira tão clara que queima o coração. Isso me lembra como Deus, numa exuberância criativa, estilhaçou alguns vasos (*Sephirot*) da criação. O sol, como Deus, ávido por ajudar, esquece de sua própria força. Tais contos espelham nossa fragilidade em relação a nossas próprias energias.

O sol queima o coração enquanto o coração chora de anseio pela fonte. Somos pegos entre o demais e o de menos, vivacidade demais, morte demais, queimados pelo nosso desejo por mais vivacidade. E, no entanto, o coração continua. Quando ele deve descansar, um grande pássaro abre suas asas sobre ele, protegendo-o. Isso me lembra de Fausto caindo no sono quando descobre que Beatriz se matou. O trabalho curativo do sono profundo. Ou a figueira que Deus fez crescer para dar a Jonas uma sombra, pairando sobre todas as complexidades de um coração complicado.

Se o coração é cheio de tamanho desejo pela fonte, porque não entra simplesmente na fonte? Há complicações. Uma é que o topo da montanha fica desaparecendo, ou quase desaparecendo. De uma forma mística, a fonte é a vida do coração. Se o topo da montanha em que flui a fonte desaparecesse, o coração morreria. Para frente e para trás: ele não pode ter a montanha, ele não pode ficar sem a montanha. A fonte flui através do coração, mas ninguém sabe como. Se a fonte estivesse fora da visão do coração, não apenas ele morreria, o mundo todo seria destruído. A existência depende de uma delicada ligação entre a fonte e o coração.

Isso nos leva ao quarto caminho. Nós temos luta constante, dançar e cantar, falar a partir de um coração quebrado. A quarta raiz da fé envolve consciência de que não se tem entendimento algum. Ignorância, o não saber como um caminho. É paradoxal quão profundo alguém pode ir e quão completamente alguém pode abrir ao atravessar o portão do não entendimento. Nachman espalhou as palavras. Um dia ele sabia, no outro não. Saber é bom, ele disse, mas até onde eu saiba, não sei se é melhor. A fé baseada na verdade revelada é boa, mas uma fé mais profunda não tem nenhuma prova ou razão. Nada a que recorrer senão à própria fé. "Fé na noite". Assim como a fé de Jó, tudo retirado, ou o lamento de Jesus pelo abandono. Chamando das profundezas, da noite.

Se amo a Deus com todo o meu coração, toda a minha alma e força, com tudo o que há em mim, na medida em que isso é possível, meu ódio ama a Deus. Se amo Deus com tudo o que sou, então meu ódio ama Deus, amo Deus com meu ódio também. Sabemos por Freud como afetos, pronomes e estados se revertem. Reciprocidade e reversão entre ódio e amor, entre dúvida e fé. Minha dúvida ama a Deus. Minha descrença ama Deus. Meu ateísmo ama Deus. Posso dizer que minha fé odeia Deus? Há formas em que isso é assim. Temos essa fluidez.

Nachman fala da inteireza da fé. Ele ratifica a mente questionadora, a mente técnica e científica, sem a qual não teríamos um prédio para estarmos dentro ou um sistema de som através do qual falamos. Não teríamos os livros que formam a base de nosso estudo em nosso encontro hoje, E ainda assim, Nachman expressa uma tensão entre a mente que pergunta por razões e a fé que nenhuma "razão" pode abranger. Um pouco como Winnicott ao dizer que não se deve perguntar a uma criança se ela criou ou descobriu o seio ou o objeto favorito de seu interesse. A criança não deve ter que tomar essa decisão quando imersa em uma experiência significativa. Se a criança estiver imersa em ilusão, pode, por um momento, ser paradoxal, uma ilusão criativa, acalentadora da existência.

Uma variante da visão de Nachman da inteireza envolve a inteireza do universo, na qual qualquer coisa pode se transformar em qualquer outra. Ele fala do universo como um *dreidel*, um topo giratório, no qual as formas de vida se transformam umas nas outras. Parece até que se está lendo uma passagem de Chuang Tzu (1964). Uma cabeça pode se transformar em um pé e vice-versa.

Anjos e homens se transformam uns nos outros. O alto se torna baixo, o baixo, alto. Todas as maneiras de separações e misturas das qualidades espirituais e materiais ocorrem. Ele enfatiza uma raiz comum. Para uma descrição ressonante vejam os diagramas de Bion de uma única raiz que dá origem a vários fenômenos e categorias (*Cogitations*, 1994b, p. 323; Apêndice 4: O-gramas). Nessa visão Nachman e Bion se sobrepõem ao descrever processos transformacionais emanando de uma fonte comum.

A visão de Nachman de todas as coisas se transformando em tudo mais, e o sentido de Nachman e de Bion de uma origem comum (*O*) ou raiz, é a base para a compaixão. Bion escreve sobre diferentes maneiras de usar ou de se relacionar com a verdade, dependendo da atitude, disposição e sentido da vida: uso cruel ou compassivo da verdade. Nachman falou do amor como uma base para a vida antes que houvesse a Torá. Os patriarcas bíblicos viveram através do amor, do amor de Deus, antes que Deus desse a Torá a Moisés. O amor inerente era o guia. Alguém poderia argumentar que a Torá sempre existiu, ou que não há a temporalidade antes-depois quando se trata de Deus. A Torá é eternidade, parte da eternidade, do infinito. Mas em nosso mundo determinado pelo tempo, na descrição antes-depois, o amor veio antes.

Questões similares afloram em relação à retirada de Deus para criar o mundo. Tudo é Deus, cheio de Deus: como pode haver nada, "espaço" vazio de Deus? Nachman deixa tais questões não respondidas. Do ponto de vista dele, tudo estará claro no paraíso. Mas em termos da metodologia da terra, ele atribui importância em não saber. O não saber se torna um caminho espiritual e psíquico, descamando, aprofundando, apressando, abrindo.

Deve haver outras formas de experimentar semelhantes ao processo primário de Freud ou ao modo simétrico de existência de

Matte-Blanco (Eigen, 2011, "Distinctio-union structure" in *Contact with the Depths*). Pode existir uma dimensão em que Deus não seja tudo. Se Deus pode fazer qualquer coisa, Deus pode fazer isso. Bion escreveu que, para que algo seja, ele é e não é ao mesmo tempo. Aspectos da psicanálise dão acesso a possibilidades experienciais em geral ignoradas, dimensões em que o princípio de contradição não se aplica. Abertura para diferentes possibilidades experienciais que alimentam uma a outra.

Gostaria de ler algo de Chuang Tzu (1964) que seja difícil de transmitir, sobre todas as coisas se transformando em tudo o mais:

> *Alegria, raiva, luto, prazer, preocupação, arrependimento, inflexibilidade, modéstia, intencionalidade, candura, indolência – música de buracos vazios, cogumelos brotando na umidade, dia e noite substituindo um ao outro antes de nós, e ninguém sabe de onde eles surgiram. Deixa estar! Deixa estar! É o bastante que tenhamos a manhã e a noite, e elas são os meios pelos quais vivemos. Sem elas não existiríamos, sem nós elas não teriam nada que as estabilizasse... Não sei o que as faz serem do modo que são. Parece que elas têm um verdadeiro Mestre, e, no entanto, não encontro nenhum traço dele. Ele pode agir – isso é certo. E, no entanto, não posso ver sua forma. Não importa se eu vou conseguir ou não descobrir a identidade dele, isso nada contribui ou diminui da verdade dele (pp. 32-33).*

Eis aqui outra passagem:

> *De repente Mestre Yu ficou doente. Mestre Ssu foi perguntar como ele estava. "Ótimo!" disse Mestre Yu. "O Criador*

está me deixando assim, todo curvado! Minhas costas salientam-se com uma corcunda e meus órgãos vitais estão em cima de mim. Meu queixo está escondido no meu umbigo, meus ombros estão mais altos do que minha cabeça, e meu rabo de cavalo aponta para o céu. Deve ser algum deslocamento de Yin e Yang! Ai, ai, então o criador está me deixando, assim, todo curvado!"

Mestre Yu continua refletindo que talvez aquele que está oculto vai transformar o seu braço em um galo para anunciar o dia, ou em um arco para atirar na presa. Cada transformação tem seu uso. Há tantas mudanças, é melhor estar livre de ficar atado por elas.

Vocês podem estar impressionados por encontrar uma visão radical a respeito da reencarnação em Nachman e de seu encaixe no imaginário antigo, *assim* como o tema do não saber. Para Chuang Tzu e Nachman: nós realmente não sabemos (Eigen, "I don't know" in *Contact with the Depths*). Seguindo essa linha, quando perguntaram a Buda questões metafísicas, ele pode ter dito alguma coisa do tipo: "Apenas continue a meditar. Essas são perguntas que não posso responder. Continue praticando".

Membro do público: Eu tenho fé, e não posso explicá-la e não posso dizer que eu tenha fé...

Resposta: Há todo tipo de fé e caminhos e possibilidades. Todo mundo fala da realidade dele, dela. Há versões mais felizes da fé, talvez, do que da fé que me toca, que em geral (nem sempre) tem um elemento trágico. Há uma ânsia em convencer as pessoas a saírem de lugares escuros, mas, para mim, esse é um horror ainda maior do que viver no escuro. Há verdades terríveis, vitais para se viver. Perdê-las pode ser perder a chance de nascer. Você diz a uma criança, "Foi apenas um sonho, um pesadelo", insinuando que não é realmente real, as coisas vão parecer diferentes à luz do dia. Mas chega um momento em que pesadelos são vitais para que se cresça, expressões das realidades psíquicas, traumas, amarras, dificuldades. Quando contei para Bion alguns sonhos difíceis, ele ficou do lado das figuras do sonho, dizendo "Seu sonho é real. Os sentimentos e imagens são reais". Emocionalmente reais, sentimentos reais.

O que estou tentando transmitir hoje, em parte, é expresso pelo diagrama de círculo e raio (Apêndice 3), núcleos comuns, muitos *radii*. Um diagrama simples, simples demais, que assinala raízes comuns e muitas ramificações. Talvez tenhamos muitos *nuclei* e muitos *radii*, âmagos e ramificações. Mesmo processos originários compartilhados assumem muitas formas. Muitos caminhos e possibilidades. Somos reconhecíveis uns para os outros? Para nós mesmos? Se somos reconhecíveis, podemos aprender a respeitar o estado das coisas? Algo em nós precisa e quer respeitar a complexidade. Mas talvez algo não consiga suportá-la.

(Pergunta inaudível.)

Resposta: Pode haver fé-amor, pode haver fé-verdade, pode haver uma fé má, mas essa não é a fé sobre a qual estamos falando. Estamos falando da fé como tal, que nada pode matar. Por exemplo, encarar o pior que possa ser encarado, e ainda assim a fé reaparece. Como isso é possível? Para muitos, isso acontece.

Membro do público: A retirada, o estilhaçar, tenho problemas com o conceito de que isso esteja errado. O que estou tentando dizer é: não há erro em Deus. Eu aceito o estilhaçar e a retirada como necessários para que houvesse espaço para a vida humana. O estilhaçar e a retirada são partes do modelo para nossas vidas.

Resposta: Eu aceito sua aceitação, mas você aceita minha experiência? Falei sobre algo errado acontecendo na criação, o quebrar dos vasos, o estilhaçar. Um sentido que atravessa a história de alguma coisa errada, alguma coisa fora. Shakespeare e Blake escrevem sobre um "verme" na experiência humana, um câncer na rosa. Qual o sentido desse algo errado? Você pode estar dizendo que esse sentido de alguma coisa errada seja, em si, errado? Uma falsa concepção, uma ilusão? E, no entanto, eu me pergunto pelo perigo de descartar isso prematuramente, quando busca fazer contato, precisa de atenção. Sinto-me um pouco no lugar da criança a quem disseram que o pesadelo não é real.

Membro do público: Ah, é experiência, eu aceito, Ok, Ok, aceito o seu raio, aceito todos os seus raios.

Resposta: Agradeço.

Membro do público: Venho ponderando desde que você disse "meu ódio ama a Deus", que é um pouco diferente, penso, do *dreidel*. Não estamos falando do ódio transformando, estamos falando do amor saindo de um estado experiencial que ainda é nomeado e ainda é identificável como ódio. Você poderia dizer alguma coisa a respeito disso?

Resposta: Acho que você está fazendo um bom trabalho agora de explicar o que você quer explicar. Você quer dizer mais alguma coisa sobre isso?

Membro do público: Eu fiquei muito empolgado. O ódio ainda existe, ainda é identificável, mas o amor pode provir de algo. Não está transformado.

Resposta: Freud é tão rico, pode-se colocar tantas coisas em tantas partes do texto. Ler Freud é interminável. Uma das coisas em Freud: nada se perde. Nada se perde, independente de qual transformação tenha sofrido. Não espere aterrissar em Israel para que tudo vá embora. *Você* ainda vai estar lá.

Membro do público: Bom, se o ódio não estiver lá, não sei...

Resposta: Bom, e se o ódio ainda estiver lá, você não está?

Membro do público: Se o ódio não estiver lá, então você não está.

Resposta: Sem perigo, não é?

Membro do público: Gostaria de dizer uma coisa sobre o que venho experimentando, que é: sinto que suas palavras se tornaram meu sistema nervoso, como as cordas de uma lira e você está me dedilhando e o que está saindo disso é tudo o que eu sei obstruindo tudo o que eu não sei. Mas junto com estar sendo preenchida com meu próprio conhecimento, o que ressoa com tudo aquilo que você diz, há também um sentimento de imenso amor por você. E nesse amor que eu tenho há muito tempo, estou me sentindo trêmula. E nesse tremor, tenho a fé de que posso carregar comigo o que eu puder contatar nessa sala e alcançar o que eu não sei. Se eu conseguir, então, trarei para você a pergunta eu não consigo formular agora, porque tudo o que sei está obstruindo.

Resposta: Eu te amo e não tenho respostas para nada, mas, ainda assim, tento responder. Às vezes, como com algumas das perguntas de hoje, minhas respostas não são boas, mas não desistam de mim.

Membro do público: O que eu amo, o que eu sinto é a sua bondade. Você é bom para mim, você sempre foi bom para mim.

Resposta: Da sua boca para os ouvidos de Deus. Quando terminar o dia vou dizer, "Bem, uma pessoa disse que eu fui bom para ela! Então é melhor que seja real, porque nada mais vai me tirar dessa enrascada".

Membro do público: É real porque eu te vi em duas sessões em 1972 e isso fez uma alteração permanente na minha vida.

Resposta: Eu agradeço.

Membro do público: O que você disse quando eu saí – levei um conflito para você –, o que você disse foi "Esse é um bom conflito para se ter", o que abriu completamente as portas para mim, e eu sabia que era uma porta que eu tinha que atravessar, que é uma vida de luta constante.

Resposta: Sim, é verdade. Acho que é isso também que estou dizendo, de alguma forma, hoje.

Membro do público: Contos do lado escuro. Fiquei pensando se a fé também pode ser ligada à sabedoria, relacionada com um tipo de perda ou sacrifício. A liberação volitiva da memória, saber e desejar, é um tipo de morte. E também a escuridão da qual você fala – um tipo de morte, uma maneira de morrer.

Resposta: Essa é uma forma bela de colocar a questão. Nós temos polaridades, não é? Plenitude e vazio, perda e completude. Todas as partes dos nossos seres são das cores das nossas vidas. Kafka chamava a vida de um momento incompleto. Se a vida é um momento incompleto, esse também é um deles. Isso pode não ser verdade para todas as pessoas em todos os momentos. Posso verificar o que você está dizendo com um exemplo diferente. Para se relacionar bem com uma pessoa você tem que tolerar perda ou não haverá espaço para o modo como o outro vê você. Você tem que abrir espaço para o outro. Se você só quer que o outro veja você de acordo com os seus desejos, você quer que o seu desejo arrebate o desejo do outro (e vice-versa). Você pode ter alguns bons momentos assim, mas mais cedo ou mais tarde vai machucar. Algo vai acontecer e vai quebrar essa fusão, ilusão, megalomania. Se você não consegue desenvolver tolerância para a perda, por exemplo, perda de como o outro vê você, perda de como você quer ver o outro, perda envolvendo desejos e imagens não satisfeitos, se você não consegue tolerar a perda, você não pode tolerar um relacionamento. Por outro lado, se você puder tolerar tal perda, há muito a ganhar.

(Pergunta sobre tirar um descanso da lei, embora a fita esteja, em parte, inaudível.)

Resposta: Acho que precisamos tirar muito descanso da lei. A lei pode ser demais para nós. Você deve aceitá-la como a um grão de sal, com um pouco de flexibilidade. Quando passei por uma fase bastante ortodoxa – observando rigidamente os *Shabbos* (Sabath), comendo comida *kocher* e o que mais eu pudesse fazer – minha família sofreu terrivelmente. Ouço de muitos ortodoxos que passar pelos *Shabbos* pode ser muito desgastante. A ideia do descanso pode ser idealizada quando se está lidando com crianças infelizes. Conheci um homem dedicado que passava os *Shabbos* dormindo a maioria do dia. Realidade é uma coisa, ideal é outra. E, no entanto, há muitos para quem a observância rígida é bela ou tem aspectos belos.

Nachman era um observante. Para ele, como para muitos místicos judeus, as leis são formas de estar mais perto de Deus, avenidas de contato. Podemos segui-lo e entrar na floresta junto e atingir grandes elevações. Mas, na realidade, voltamos para nossos laços afetivos, existência diária, vida na cidade. Seja você observante ou não, qualquer que seja o caminho que você segue ou descobre, viemos para algo misterioso. Participamos de um senso de mistério. É um momento de raiz que conecta nossas vidas. O Taoísmo diz, "Fique com a situação assim como ela é. Se você impuser certo ou errado, verdadeiro ou falso, você provavelmente fará uma grande confusão". É bastante difícil ficar com as coisas da melhor maneira que você pode sem tentar lidar com elas da forma como você acha que deveria ser.

Vocês falaram sobre tirar um descanso da lei. Fiquei pensando que talvez seja isso que Deus faz aos *Shabbos* quando Ele descansa. A lei pode ser demais para Deus, também. Como bebês e crianças passamos muitos momentos sem a lei. Imersos na brincadeira, na fascinação, sem temporalidade. Penso, também, em Nachman dizendo que vivemos do amor perante a Lei. A Lei nos dá os *Shabbos*, o que é belo, depois torna os *Shabbos* momentos de infelicidade, tantos detalhes para cuidar. Para alguns, todas as observâncias são secundárias. Mesmo assim pode haver consequências indesejáveis. Durante um tempo tínhamos nos jantares das sextas-feiras um rabino em transe que dormia à mesa. Ele não conseguia manter sua cabeça em pé, ou os olhos fechados por causa da fadiga. Suas preparações e seus coros para os *Shabbos* eram demais para a constituição dele. A mulher dele o olhava de maneira apreensiva, de forma consciente, cuidando da mesa e das crianças.

Uma frase, "Vivemos muito tempo sem isso", me ocorre. Ouvi Anna Freud dizê-la em um encontro em Londres em 1975. André Green falou sobre mudanças na psicanálise, usando Winnicott, Bion, Lacan, Freud. Ele definiu a dinâmica básica da psicose *borderline*. Enquanto ouvia, senti que a imaginação psicanalítica estava viva. Leo Rangell falou sobre a teoria estrutural da forma como foi usada nos EUA. Ele falou bastante de superego. Senti-me amortecido. As duas falas pareciam espíritos e interesses diversos. Soube de posteriores desentendimentos nos bastidores. Rangell estava na Sociedade Psicanalítica de Los Angeles. Quando Bion migrou para Los Angeles, na última década de sua vida, a Sociedade de Los Angeles negou àquele homem criativo (e antigo presidente da Sociedade Britânica) reconhecimento completo. Talvez ele não se ajustasse ao quadro psicanalítico deles. A criatividade e a diferença enfrentam muita resistência. Perto do final do encontro, Anna Freud, em idade avançada, levantou e disse, "Teoria estrutural, teoria estrutural, vivemos muito tempo sem ela". Um momento inesperado, um sopro de ar, uma afirmação do espírito criativo, eu, um homem de trinta e nove anos, senti que ela reagiu com o mesmo espírito de animação e amortecimento que eu.

Pode-se dizer que o uso de Rangell da teoria estrutural era um tipo de uso amortecedor da lei, enquanto Green explorava entradas e saídas de processos que abriam as portas da loucura. Então, sim, a lei tem suas funções, mas é preciso tomar cuidado. Tudo é perigoso. A lei é perigosa. Ficar sem nenhuma lei também é perigoso. Como Bion diria, não há substituto para a sua própria intuição, sua própria percepção, seu próprio sentimento, seu senso de fé. Tente fazer justiça à sua experiência. E, como um bebê que não suporta muita consciência, tire um tempo de folga de acordo com as necessidades ou com o que as circunstâncias permitirem.

Membro do público: A ira não cresce do desejo?

Resposta: Pode ser que sim, e o desejo pode ser mais do que sexual. Nachman ficou excessivamente preso em erradicar o desejo sexual, mas se quisermos colocar dessa forma, há desejos mais assustadores como a subjugação. A escravidão fez parte da vida humana por um longo tempo, e de uma maneira ou de outra, mesmo que implicitamente, ainda faz.

A ira pode ser complicada. Se estiver ligada ao desejo pode ser uma necessidade de sempre estar certo. Ou uma necessidade de sentir-se onipotente, ou forte ou poderoso. Ou uma inabilidade de encarar um senso de impotência e trabalhar com ele (ira impotente). A ira pode ser um dos estados mais orgásticos, totais. Seus curtos-circuitos são complexos para o funcionamento psíquico. Obscurece (termo bíblico) a consciência complexa. Pode ser uma resposta para a injustiça e a injúria percebidas. Se ela tem ou não uma função positiva depende de muitos fatores. Em meu livro *Rage* (2002), comento que esse sentimento de estar certo causou mais o mal ao longo da história humana do que a maioria das outras atitudes. A ira se alimenta do sentimento de que se está certo.

Membro do público: A vida é uma grande mistura, e você escreveu sobre as misturas dos sentimentos convincentemente. Você inclui o senso do sagrado. Poderia falar algo sobre isso agora?

Resposta: Eis aqui uma história que acho que contei a vocês no primeiro seminário. Há muitas pessoas novas aqui hoje, então vou me arriscar a repeti-la. Talvez dessa vez algo um pouco diferente aconteça. Quando eu era uma criança, um homem idoso ia à nossa casa uma ou duas vezes por ano em busca de uma doação. O nome dele era Rabino Kellner. Meu pai parava o que quer que estivesse fazendo para recebê-lo e responder aos pedidos dele. Quando Rabino Kellner vinha trazia uma luz com ele, um brilho. Na maior parte centrado em torno do seu rosto, na cabeça. A testa dele, as bochechas, barba, olhos – um brilho que variava em tons, de uma luz branca clara ao dourado. Quando ele falava comigo, eu ficava aceso.

Eu sentia algo parecido quando meu professor de clarineta tocava para mim ao final das aulas. O som fazia cócegas em mim e eu não conseguia parar de rir. Ele ameaçava parar de tocar se eu não parasse de rir, mas não conseguia me conter.

O brilho que experimentei com Rabino Kellner, mais tarde aprendi a reconhecer como o senso do sagrado. Suspeito que o riso que eu dava com meu professor de clarineta era um reflexo da alma ao ser coçada pela beleza. A alma pode ser coçada pela beleza e brilhar com o sagrado. Através do Rabino Kellner experimentei o sagrado incorporado e real.

Durante o tempo em que eu disse o *Kaddish* para meu pai, um rabino me recomendou ao Rabino Kastel em Crown Heights, Brooklyn, e quando Kastel ouviu minha história ele sugeriu que eu estudasse com dois homens idosos em Crown Heights – filhos do Rabino Kellner! Isso foi mais de cinquenta anos depois dos meus encontros com o pai deles quando criança! Aqui estava eu, um homem de cinquenta anos, estudando com os filhos mais velhos do rabino que mediou um brilho sagrado na minha infância.

Eles me disseram várias coisas. Uma me ocorreu agora porque estávamos falando sobre fúria – quando o Messias vier haverá paz na terra, se um homem levantar sua mão para bater em outro, um anjo irá detê-la. (Recentemente encontrei um artigo online que escrevi para os *Jewish Review* em 1987, logo depois que meu pai morreu, sobre experiências que me trouxeram mais perto do senso misterioso com o qual rondamos: http//thejewishreview.org/articles/?id=66.)

Quanto às misturas que você mencionou, temos capacidade emocional que parece ir além do que chamamos de real. Mas elas são muito reais e nos ajudam a dar forma à nossa existência. Na realidade emocional pode haver o máximo de destrutividade e o máximo de amor. Como isso é possível? Um senso do Bem, do Belo, do Sagrado, da justiça se mistura, se opõe e se funde com a destruição. O fato de que recuamos diante dessa noção, indica que temos medo de deixar entrar nossa capacidade experiencial de forma completa. Nós bloqueamos a experiência para deixar entrar apenas aquilo que conseguimos manejar. Ao mesmo tempo percebemos que há mais, em relação ao que não estamos à altura. Para alcançarmos um ponto em que não vamos ter que bater uns nos outros para defender nossos menores territórios emocionais, precisamos nos dar conta do mais que não acessamos. Viver nesse Mais, com consciência desse Mais, tornar o sentido do Mais uma parte viva de nós, uma parte essencial, pode ajudar a atenuar nossa necessidade de afirmar e defender pequenas porções do *self* à custa dos outros e nossas.

O tempo está quase acabando e há tanto a dizer e fazer. Tocamos vários dos tópicos que a Cabala tem em comum com a psicanálise, mas estamos longe dos dezessete que contei antes do seminário começar. Nos momentos que nos restam, gostaria de dizer algumas palavras sobre Bion. Estou olhando para *Cogitations* (1994b, pp. 234-235).

Dentre os tópicos que adentramos está o do não saber, desconhecer, percepção e confissão de que não sabe, fé sem saber (Eigen, 2011, Capítulo 3, "Eu não sei"). Aparece de muitas formas em muitos lugares em Bion. Uma passagem extraordinária está nas páginas 234-235.

Para Bion, qual é o âmago do sonho? A experiência emocional é o âmago do sonho. A experiência emocional, para o bem ou para o mal, não só é o âmago do sonho, como da psique. Na passagem para a qual estamos olhando ele distingue:

> *Entre a experiência que consiste em tentar entender uma experiência emocional que é secundária na tentativa de tentar resolver um problema, e a experiência que consiste em tentar resolver um problema no qual a experiência emocional em si é o problema (p. 234).*

Para a primeira experiência nós temos o arsenal da indução, dedução, pensamento analítico e lógico, senso comum, hipótese, inferência, várias operações cognitivas envolvidas na resolução de problemas, incluindo o "sentir" a situação, "palpites", intuição direcionada para um objetivo, fatos selecionados que formam *Gestalts*, várias sínteses mentais. Procuramos soluções, sintetizando o material que reunimos. Esse é um importante uso da mente, abrangendo os meios – relacionando fins, objetivos, propósitos, aprendendo como as coisas funcionam e como vemos as coisas, questões de construções criativas e de regras.

Bion escreve na segunda instância onde a própria experiência emocional é primária e problemática, "não há maneira de considerarmos o problema como o que quer que seja" (pp. 234-235). Essa é uma das formas mais dramáticas de Bion apontar para o não saber radical quando se trata de nossa vida emocional mais básica. É uma situação da qual tentamos nos desembaraçar o mais breve possível, buscando organizações mentais que parecem oferecer significado e coerência. Ou seja, temos pouca tolerância para a natureza radicalmente desconhecida da vida emocional, encontrando saídas para essa situação transformando-a em algo com o que imaginamos que podemos trabalhar através dos meios usuais (exemplo: operações como aquelas apontadas anteriormente).

Bion continua, "Em resumo, há situações que são sentidas como sendo problemas que não têm solução, ou para os quais nenhuma solução pode ser encontrada no equipamento que está à disposição do indivíduo que enfrenta tais problemas" (p. 235).

Devo deixar a afirmação de Bion pairar como um *koan* psicanalítico. Por favor, retornem a ela em sua nudez bruta. É uma afirmação que despe a psique e revela a sua nudez. Mas vou gastar algum tempo passeando em torno dela.

As várias operações mentais que eu listei estão dentre aquelas que podem ser circunscritas pela noção K de Bion, conhecer, conhecimento, a busca do conhecimento. O domínio que ele toca ao chamar atenção para a situação em que a experiência emocional é em si um problema principal abre uma dimensão que ele chama de F, fé. Ele descreve a fé como a atitude psicanalítica, um estado de ser sem memória, expectativa, entendimento ou desejo (uma disciplina, ou processo ou gesto em direção a tal "estado"). Ele cita uma carta em que Keats escreveu sobre a capacidade de ficar "com incertezas, Mistérios e dúvidas sem nenhuma procura irritante dos fatos e razões". Em *Attention and Interpretation* (1970) ele nota que a disciplina F pode iniciar um estado de "alucinose", uma contrapartida da alucinação psicótica, fazendo com que seja possível fazermos ligações internas com indivíduos psicóticos, "de psicose para psicose".

Ele não está dizendo que K é ruim e F é bom. As capacidades mudam de valor dependendo da maneira como funcionam em dado contexto. Ambas, por assim dizer, podem ser boas ou ruins ou boas e ruins. Bion incentiva explorar as capacidades para ver onde elas levam, explorações intermináveis com mistérios intermináveis (quando se trata de F) e problemas (quando se trata de K). O método dele, em parte, é um tipo de ver e sentir psíquicos, de visão psíquica e escalonamento da visão, intuição-F. Freud falou da consciência como um tipo de órgão do sentido psíquico. Para Bion, F é um tipo de órgão ou atitude ou caminho psíquico que abre as muralhas para a infinidade.

K é mais semelhante à relação Eu-Isso de Buber, semelhante à engenharia, relações de meios e fins, manipulação da experiência. F é não manipulativo, busca contato com a própria coisa, parecido com o Eu-Tu (1970). Parte do crescimento e direção a F envolve uma luta para ser menos manipulativo, mais aberto à experiência. Mesmo com pouco sucesso, essa luta pode trazer benefícios. Não há nenhuma prescrição universal para o crescimento na dimensão-F, F-crescimento.

Quando a emoção em si é o problema, como tolerar a emoção? Freud escreveu sobre quão frustrante pode ser tolerar o acúmulo de estados. Dewey (2005) em *Art as Experience* escreveu belas passagens sobre as dificuldades de se tolerar o acúmulo de intensidade ao experimentar uma obra de arte. Ele oferece dicas de treinamento para que se permita a construção da experiência. Temos a tendência de encurtar a experiência. Lembro da descrição de Alan Ginsberg de ir ao Museu de Arte Moderna, sob o efeito de maconha, o que deu a ele condição de permanecer parado, encarar uma pintura por um longo tempo e começar a enxergá-la.

Tolerar um sentimento sem saber bem o que ele seja, sentindo seus altos e baixos, mudanças na qualidade e intensidade, sem um nome, uma imagem ou um conceito até então, só o próprio sentimento. Um pouco como se acostumar a enxergar no escuro. Pode-se começar a ver ou imaginar ou sentir redes, veias, ramos relacionados, ligação com outras perturbações quase mudas. Pode-se buscá-las nos modos K de relação, em geral com sucesso. Mas voltamos mais uma vez para F, F em O, T em O, encarando a realidade desconhecida, infinidades intangíveis, inefáveis e eventos transformacionais.

Freud e Klein, de várias formas, apontaram as dificuldades de se permanecer com a vida emocional. Não conseguimos permanecer com sentimentos por muito tempo. Nós desviamos, deslocamos, simbolizamos, evacuamos, substituímos, revertemos, transformamos as sensações emocionais ou alusões ou premonições em outra coisa. É muito difícil permanecer com a experiência como tal. Levar um sentimento a cabo, sobreviver a ele, especialmente se for inominado, sem forma, desabrigado, é uma tarefa que ainda aguarda por ser desenvolvida. Pode-se começar a apreciar com uma nova luz a noção de Nachman de que as emoções são mensagens de Deus, veículos expressivos de processos desconhecidos.

Bion destaca as dificuldades de se permanecer com sentimentos desconhecidos de maneiras desconhecidas e, no entanto, afirma a importância de se tentar fazê-lo. Em F não há nada a que se recorrer, e ainda assim pode-se perceber intimações de um desconhecido processo de percepção, um processo de ter fé.

Bion enfatiza a necessidade de se construir a capacidade de permanecer com a experiência, na medida em que isso seja humanamente possível. A capacidade de trabalhar com a emoção como um problema é embrionária, talvez quase não concebida. Para desenvolver a capacidade de trabalhar, suportar, tolerar e digerir a vida emocional é um desafio evolucionário. Bion chama atenção para esse problema, nota ele. Não vamos fazer justiça a ele. Não vamos preparar um plano de ataque. A essa altura, não saberíamos distinguir aquilo de que estamos tentando nos aproximar. Bion cultiva a consciência de que o modo de aproximação da experiência é um problema. Esperamos por uma capacidade que ainda não chegou, ou está sendo gestada, talvez esteja em um lento processo de nascimento.

Levinas (1999) fala de uma nova atitude, "maturidade para problemas insolúveis", que requer acompanhar as dificuldades emocionais ou de atitude para as quais nenhuma solução é aparente. A necessidade de crescimento conectada a atitudes afetivas exerce pressão sem palavras, pensamento, definição, um estado que de alguma forma "pode assemelhar-se ao sono". Levinas apela a uma passagem de St. Exupery em que o Pequeno Príncipe pede ao piloto para desenhar uma ovelha. O piloto não consegue desenhar uma que o Pequeno Príncipe aceite, então, desenha um paralelogramo, uma caixa dentro da qual a ovelha dorme, para deleite do Pequeno Príncipe. Então, Levinas conclui:

> *Não sei como desenhar a solução para problemas insolúveis. Ainda está dormindo no fundo da caixa; mas de*

> *uma caixa que as pessoas que desenharam perto umas das outras vigiam. Não tenho nenhuma ideia a não ser a ideia da ideia da ideia que alguém deveria ter. O desenho abstrato do paralelogramo – berço de nossas esperanças. Eu tenho a ideia de uma possibilidade na qual o impossível pode estar dormindo (1999, p. 88).*

Esperar por uma capacidade que ainda não nasceu ou foi concebida, ou uma que esteja sendo gestada, ou nascendo devagar. Bion escreve sobre as maneiras como nós prematuramente nos desembaraçamos dessa situação. Às vezes, penso como seria se todo o mundo, cada pessoa, de cima a baixo, cantasse em sincronia três palavras pouco usadas em lugares importantes: "Eu não sei". Uma ode mundo afora de não saber junto. Custa tanto esforço fingir que se sabe e agir como se fosse melhor do que alguém é, mais inteiro e sabido, e o custo para indivíduos e nações é alto.

Um problema emocional sem "solução" ou equipamento com o qual trabalhar exerce pressão na personalidade. Podemos tentar escapar da pressão, ou tentar permanecer com ela, até onde conseguirmos. Em ambos os casos, a pressão constrói. Se permanecemos com o problema sem solução e o equipamento para lidar com ele não chega, o problema nos traz demandas, às nossas habilidades e capacidades. Traz demandas à personalidade e ao pensamento. Uma coisa que pode acontecer quando se permanece com uma experiência emocional sem solução – a "luta constante" de Nachman de uma forma intermitente – você continua retornando a ela: ela pode não ser "resolvida", mas você muda, você cresce no processo. O problema pode ou não ceder, mas algo acontece com você. Rebater sua psique contra problemas insolúveis força você a se desenvolver. No meu capítulo "Matei Sócrates" em *Flames from the unconscious* (2009) escrevi sobre um buraco de verme psíquico. A intensidade de se lançar em um problema insolúvel perfura a psique e você se encontra em um outro lugar, um lugar que você pode nem ter imaginado antes que o problema acontecesse. O insolúvel pode promover crescimento da experiência de formas insuspeitas. Bem, acho que, por hora, teremos que deixar assim, nosso tempo acabou. O seminário como um momento incompleto, um sentido de início.

Apêndice 1

Ein Sof e os *Sephirot* (Árvore da Vida)

Ein Sof é uma notação para o inominável, inconcebível, inimaginável, irrepresentável – o que, em português, nós chamamos de "Deus". As palavras significam sem limites, ilimitado, sem contenções, representado como infinidade ou infinito do infinito. De certa maneira, está além de Deus, uma vez que a palavra Deus é uma notação para um amplo escopo de associações e significados que limitam seu caráter de desconhecimento (o uso do artigo "o" ou do pronome "ele" já indicam uma apropriação equivocada). Pessoalmente, penso, às vezes, em Sofia, sabedoria, o que já traz uma vasta limitação. Com a popularidade do budismo, talvez se possa falar de *Ein Sof* como nada e sua emanação gêmea, ser.

Tecnicamente o *Ein Sof* não faz parte dos *Sephirot*/Árvore da Vida. Está além de qualquer representação. Pode-se concebê-lo como a Energia que flui através dos *Sephirot* e os cria. Força Prima Irrepresentável ou Presença. Mais uma vez, esses são termos delineados a partir de nossa fenomenologia da força, da ação, da experiência, do cuidado e do mistério. Devo dizer logo de saída que tudo o que eu disser é hipotético, fantasia, tentativa de expressar o inexprimível, tocar o intangível que me toca. Bion fala de O, desconhecido, realidade última não passível de entendimento, não é idêntico ao *Ein Sof*, mas não é sem relação com ele.

Há dez *Sephirot* e mais um adicional escondido (*Daat*). O fluxo divino passa pelo *Keter*/coroa, aproximadamente o chacra principal. Poderia ser descrito como intenção, vontade ou humildade. *Keter* é uma emanação do *Ein Sof*. Ele é vontade divina ou intenção (em termos muito restritos), significa vontade de vida, de criar a vida e abrir dramas da existência, uma corrente generativa que atravessa todos os níveis de possibilidade. Na medida em que se desdobra o drama, a morte faz parte da corrente.

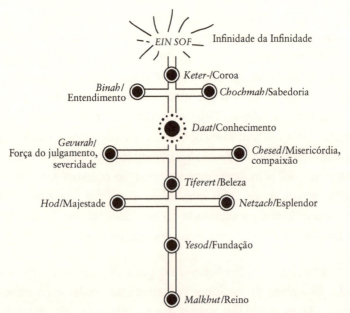

Figura A1.1 – *Ein Sof* e *Sephirot* (Árvore da Vida).

De *Keter* o fluxo passa através de *Chochmah*/sabedoria, em geral descrito como um lampejo divino, semelhante ao *"insight"* – uma explosão repentina de luz branca que contém todas as cores. Mozart descreveu tais momentos relativos a quando a sinfonia aparecia em um instante para ele, e tudo o que ele tinha que fazer era concluí-la. São Paulo descreve algo como isso, quando, em um lampejo, ele foi tomado pelo impacto divino, e de uma única vez, conheceu Cristo. O que restou para ele foi a tarefa de elaborar e desenvolver sua revelação e relacionamento com a divindade e com a Presença Divina. Chamo esses acontecimentos de relativos porque aparentam ser níveis relativos daquilo que se quer dizer com *Chochmah*, resposta e impacto imediatos, sem palavras, sem imagens. A narrativa ou formas musicais ou visuais que emergem para expressar o impacto sentido, a explosão instantânea, é relativa ao momento de alguém na história, a forma como esse alguém usa a linguagem, a natureza da compreensão desse alguém. A "coisa em si" se esquiva de todas as formulações às quais a realidade percebida origina. Meu uso de "impacto instantâneo" também é limitado. Na vida real, *Chochmah*, sabedoria, pode crescer vagarosamente ao longo de uma vida. Para simplificar a comunicação, aqui, vou usar no meu vocabulário impacto e resposta.

Somos impelidos, chamados para trabalhar com impactos sem palavras, sem imagens, garimpá-los da melhor forma que pudermos. De *Chochmah* o fluxo passa através de *Binah*/entendimento. O impacto divino trabalha em nós e temos que trabalhar para entender. Nós pensamos no entendimento de Deus como verdadeiro, no nosso como relativo, sujeito a erro, parcialidade, limitações e ainda assim, necessário. Não podemos escapar da tarefa de entender, pois, não importa o que façamos, como vivemos, entendemos as coisas de um modo ou de outro. Nosso entendimento, nossa "aceitação" da vida, causa impactos em como vivemos ou falhamos em viver. Essa é uma das razões porque Sócrates falou da importância de se examinar o entendimento: nós, em geral, pensamos que sabemos de coisas que não sabemos, em algumas vezes com consequências lesivas. O que entendemos e a maneira como nós entendemos afeta a qualidade de nossa existência.

De *Binah*/entendimeto, o fluxo vai para *Daat*/conhecimento, a esfera escondida na árvore. Dela dizem que está diretamente conectada ao *Ein Sof*, assim como a linha de uma estação ao circuito de capacitores. Na sua conexão direta, ela é o conhecimento de Deus, conhecendo Deus. Como um condutor ou uma esfera no fluxo divino, ela forma um tipo de triângulo: *Chochmah, Binah, Daat*: Sabedoria, Entendimento, Conhecimento. Com *Keter*, um quarteto ou triângulo invertido. A luz da sabedoria é transmitida através do entendimento, que a transmite através do conhecimento, todas transmitindo Vida-Intenção Divina (*Keter*) fluindo através de *Ein Sof*. Podemos escrever isso com setas duplas: *Ein Sof*, nada, infinito dos infinitos ↔ completude do ser indicando ligações recíprocas entre as capacidades. Alguns místicos enfatizam o fluxo direcionado para baixo (*Chabad*) e alguns o fluxo de baixo para cima (*Nachman*), mas esses são pontos de ênfases, pois o fluxo não pode ser circunscrito pelas direções (Deus excede as direções).

Os *Sephirot* têm múltiplas referências e agem entre as capacidades de Deus e as capacidades humanas como se fossem imagens de espelho. Os *Sephirot* funcionam tanto como o meio divino para a criação quanto como as capacidades humanas de perceber a vida divina. Nossas capacidades podem ser usadas para muitos propósitos. Sabedoria humana, entendimento; o conhecimento pode fazer bombas atômicas, a medicina, belas construções, arte maravilhosa, jornadas de esclarecimento. Parece não haver fim o que podemos fazer com nossas capacidades, para o bem e para o mal. Ao mesmo tempo o trabalho de nossas capacidades pode abrir o Desconhecido para nós de maneira mais profunda, inteira, aumentando o contato com o Mais Profundo de Todos. Alguns expressam isso tentando viver uma vida divina de uma forma humana. Mas não se pode aprisionar ou exaurir *Ein Sof* com a mente, com uma história ou com a intenção. E ainda assim, um ponto de contato continua a falar conosco, através de nós. Tocados pelo Intocável.

Através de *Daat* o fluxo divino passa de *Keter-Chochmah-Binah* (sabedoria-entendimento-conhecimento) para *Chesed*/misericórdia, compaixão amorosa, a mão direita de Deus. Aí de *Chesed*/misericórdia para *Gevurah*, julgamento, a mão esquerda de Deus. Em termos humanos a mistura dialética entre amor e julgamento é necessária. Os perigos de um sem o outro são dureza e severidade de um lado e moleza do outro. Cada um contribui para o equilíbrio e crescimento do todo. Penso em Jesus dizendo a seus discípulos: "Sejam inofensivos como pombas, e prudentes como serpentes". Um casamento entre cuidado e discernimento. Os hebreus na Bíblia muitas vezes eram chamados de cabeças-duras, teimosos. Eles não teriam sobrevivido de outra forma. Nem teriam sobrevivido sem o mais profundo amor e conhecimento de Deus em seus corações e almas, não importa quão grande fosse a resistência teimosa deles aos mandamentos.

De *Gevurah* o fluxo passa através de *Tiferet*/beleza, completando o segundo triângulo. Se o primeiro triângulo (ou triângulo duplo) enfatiza a cabeça, o segundo toca o coração. *Tiferet*/beleza fica no meio da árvore, dois canais acima, dois abaixo no tronco central. A associação entre coração e beleza é profunda. Somos profundamente tocados pela beleza na vida. Sua associação com o tempo, com a perda, anseio pungente, a dor de ser. A música da beleza anima a alma de *Tiferet*. Penso também em Keats: "A beleza em cada ser é uma alegria eterna".[1] Sinto que a beleza é uma raiz

---

[1] Recorremos aqui à tradução de Fernando Guimarães, *Poesia Romântica Inglesa*, Espelho d'água, 1992

da ética, um sentimento de querer fazer certo pela vida, de fazer justiça a isso, que pode fazer aflorar tamanha profundidade de sentimento (Eigen, 2006, Capítulo 1; 2012). Em outro nível, pode não custar muito para que o desejo contrariado associado à beleza se torne destrutivo. As capacidades funcionam de várias maneiras. Se os *Sephirot* do topo estão associados à cabeça o segundo grupo está associado ao tronco, peito, coração e braços. Os *Sephirot* assumem o formato de acordo com um modelo do corpo humano em seu aspecto vertical.

Sephirot significa esferas, em parte como uma referência às esferas da criação, dimensões, estados, capacidades. São aspectos dos processos criativos. Eles também, de forma mística, têm relação com as rodas do anjo Ezequiel, um dos primeiros pontos de meditação da mística da Cabala (as rodas giram em todas as direções, significantes das aspirações e possibilidades espirituais). Na Cabala, o fluxo começa de cima e vai para baixo, dos níveis mais altos para os mais baixos, mas não é tão limitada. Há um dito: "Assim como acima, também abaixo; assim como abaixo, também acima". O fluxo vai por ambas as direções, por todas as direções. Milner (1975) escreve sobre um fluxo da consciência para baixo e, simultaneamente, vindo de baixo, todos os alcances do corpo, para cima. A Cabala fala de mundos dentro de mundos, mundo após mundo. Para onde quer que se olhe, há mundos de experiência e, além deles, mundos desconhecidos. A forma como nós agora imaginamos o paraíso, o universo e todas as galáxias, sistemas e além, tem similaridades com o modo como os cabalistas imaginaram aspectos da vida espiritual.

Sinto que a verticalidade da árvore cabalística é uma limitação. O vertical oferece um importante modelo da experiência com raízes profundas, mas também é confinador. Está associado à nossa postura vertical, cabeça em cima, pés embaixo, acima-embaixo, mais alto-mais baixo. Isso tem ligação com a dimensão vertical da percepção: céu ou paraíso acima, terra embaixo, estratos superior e inferior da sociedade, funções mentais e sociais elevadas ou baixas. Mas há outras possibilidades. Deleuze e Guatarri (1987) contrastam o rizoma com o modelo vertical da árvore. Eles percebem que o modelo da árvore pode levar a pensar em causa ou origem, e efeito ou fins, raízes abaixo, tronco em pé, galho após galho. Um rizoma pode ir em cada direção, emaranhados de possibilidades, nenhum centro ou plano aparente. Os autores enfatizam a possibilidade de se encontrar alguém no meio, entre, não confinado a um esquema linear, nenhum começo ou fim óbvio.

Em *Psychic Core* (1986, Capítulo 6) discuto as limitações da ênfase vertical e proponho outras possibilidades de fluxo. Penso agora no interesse de Leonardo pelos emaranhados de cabelos e pelas gotas d'água. A psicanálise confiou de maneira pesada nos modelos digestivo e sexual, ambos com referência de acima-embaixo (exemplos: oral, anal, fálico, genital). E as funções e imagens não estão simplesmente confinadas ao acima-embaixo, mas também se referem ao dentro-fora.

A espiritualidade asiática enfatizava a respiração, o peito, o plexo solar, *hara*. O fluxo para dentro-para fora da respiração faz parte da experiência que permeia o corpo. *Kundalini*/chacras são parcialmente organizados via imagens de acima-embaixo e embaixo-acima, enfatizando a subida da serpente *Kundalini* (energia psicoespiritual) de baixo para cima da espinha, enquanto se está sentado na posição de lótus. A experiência corporal excede os seus esquemas. Fluxos de sensação corporal imprevisíveis e intangíveis oferecem possibilidades que escapam aos mapas. Freud insinuou isso quando se referiu às primeiras sensações difusas, semicaóticas, que, no esquema dele, tornavam-se mais unificadas com o desenvolvimento do ego. Ainda assim, possibilidades sensoriais prazerosas, senão também temidas e atordoantes, brincam nas margens da consciência.

Diferentes modelos refletem diferentes aspectos da experiência, ou das formas como a experiência pode ser organizada. Um modelo frutífero presta homenagem à experiência, garimpando-a e abre possibilidades. Uma vez que a experiência é tão complexa e multifacetada, diferentes tipos de modelos, mesmo que aparentem conflitar uns com outros, acrescentam ao que podemos acessar.

Ainda que verticais, as correntes de triângulos da árvore da vida da Cabala não são necessariamente rígidas. Todos os *Sephirot* se comunicam uns com os outros, intermeados instantâneos através da árvore e para além dela. Há uma canção infantil: Hashem está aqui, Hashem está lá, Hashem, realmente está em todo lugar; acima-abaixo, em todo lugar, eis onde Ele pode ser encontrado. Hashem literalmente significa o Nome (o nome de Deus, sagrado, impronunciável, talvez desconhecido e inimaginável). Desse vértice os critérios direcionais evaporam.

O próximo triângulo, o triângulo mais abaixo e óbvio (digo óbvio porque outros triângulos, e triângulos dentro e fora de triângulos, podem ser postulados como sendo imediatamente menos óbvios) é *Netzach-Hod-Yesod*. Aqui usei as palavras Esplendor, Majestade e Fundação. Já vi esquemas em que Esplendor está com *Hod* e Majestade com *Netzach*. Ou talvez eles tenham outros nomes, como, por exemplo, *Netzach* como persistência e determinação. Podem haver trocas, intermeios e reversos. Por que, muitas vezes me perguntei, os *Sephirot* de baixo são chamados de majestade e de esplendor? O que isso nos diz? Se o grupo do meio (*Chesed, Gevurah, Tiferet*) é o peito/tronco, o grupo mais de baixo envolve a pélvis e os genitais e, em parte, as pernas. Em um sentido menos estrito, esse triangulo é o *Sephirot* freudiano. Faz sentido ver reverberações entre o edifício que Freud constrói a partir da experiência erótica e a Cabala chamar a função genital de fundação. Por um lado, estamos falando de maneira menos precisa, mas há um profundo encaixe e uma profunda ressonância.

No seu aspecto positivo a experiência erótica é esplendor, majestade. Há pessoas que veem Deus durante a relação sexual, alguns se sentem como Deus ou como um deus. Não é nada acidental que tanto da sexualidade esteja associada a tantos deuses no Oriente e no Ocidente. Eros é ou pode ser extático, isso num puro nível de sensações ou de sensação-sentimento. Tanta majestade, tanto esplendor, estão além das palavras.

A sensação foi, por muitos anos, reprovada no ocidente. Para Aristóteles Deus é a razão ativa, intelecto ativo. A vida sensorial era vista como inferior, desorganizada, necessitando de funções mais elevadas para se formar. Recentemente há mais escritos sobre a auto-organização espontânea da vida sensorial, sem que ela recorra a funções como a razão e julgamento. E o que dizer da beleza da sensação, tudo o que ela nos dá em cores, tons e inspiração; ver o céu maravilhoso, montanhas, música que traz lágrimas edificantes, o toque da pele que nos leva ao paraíso. Tanto da sensação é inefável. A poesia a completa (Lust, 2006, pp. 30, 34). A música das músicas toca, expressa o divino-erótico. Há mesmo algo como a sensação-de-Deus, um sentimento-de-Deus. Vastos domínios e nuances sutis onde a sensação-sentimento se mistura. Freud dizendo que a consciência é um órgão dos sentidos para a percepção das qualidades psíquicas é uma fonte meditativa.

Outro grupo de funções e experiências associado ao triângulo inferior enfatiza a instrumentalidade, a ação orientada para um objetivo, pulsão, planos, procurar conseguir e construir. Essa é uma das razões porque *Netzach* é em geral associada à persistência e à determinação. Fazemos planos, queremos algo, desejamos alcançar. Fazemos coisas, realizamos objetivos (ou, como em geral dizemos agora, vivemos nossas paixões, nossos sonhos). Isso requer paciência, habilidade, *know-how*, determinação, aprender o que leve ao quê. Sorte, causa e efeito, conhecimento de como as coisas funcionam na realidade, físico-social espaço-tempo. Precisamos da determinação de *Netzach*, de teimosia, persistência e de seu complemento: *Hod*, em geral associado à flexibilidade, mais de uma forma de se esfolar um gato. Nós nos desviamos, compensamos a perda, nos deparamos com bloqueios, muros, fazemos substituições. Se *Netzach* é associada à persistência, *Hod* se conecta com a plasticidade.

Persistência-plasticidade: uma geminação que nos ajudou a persistir e a criar.

Netzach-Hod-Yesod: persistência-plasticidade e fecundidade em ação são capacidades que não apenas ajudam a sobrevivência, mas que também podem levar alguém ao encontro de Deus, a se unir a Deus, a perceber a marca de Deus na terra. Todos os *Sephirot* são capazes de mediar contato com Deus. Todos contribuem para a presença de Deus em todos os níveis da existência. Pode-se dizer que no plano de Deus, todas as capacidades são puras e dão origem à realização divina. Mas há, também, um uso menor das capacidades, um uso egoísta, pior e limitado. O Grande Espírito, o Grande Sonho, o Grande Plano, é em várias gradações, ocluído, esquecido, não visto, não ouvido, não sentido, perdido. A pessoa pode estar abandonada, com um ego menor, no centro de seu universo, o que eu quero e como posso conseguir, em geral sem saber o que seja isso. O que é eu? O que é quero? E, no entanto, a pessoa mergulha nisso, usa quaisquer recursos que tenha para conseguir o que pensa, sente, imagina que sejam seus objetivos. Mas, no plano da ambição humana e do desejo, muita coisa boa pode ser feita, muito alcance de valor e mérito. Não apenas *know-how*, relações de meios e fins, tecnologia, habilidade, mas muitos tipos de atividades criativas. É gostoso criar, ser criativo, fazer, construir. *Yesod*/ fundação, uma força impulsionadora nesse nível, procriação, fertilidade. Vida genital significa de muitas maneiras, generatividade. *Yesod* e tudo o que flui dele participam do Espírito Generativo. No espelho humano todas as capacidades têm uma ponta dupla, múltiplas pontas.

Bion (1994b, p. 206) tem uma maneira de ligar a matemática e a geometria com as emoções, em geral enfatizando aspectos sexuais. Em uma passagem ele conecta a estrutura do triângulo com os genitais. Não apenas o três (áreas genitais triangulares, ou mãe, pai, bebê), mas também espaço ligado a buracos ou a espaços vazios nas esculturas de Henry Moore, a um só tempo a conjunção de Eros e do espírito no vazio, um vazio abrangente e abrangido. Ele fala da "coisa de três joelhos" de Euclides e de seu *Pons Asinorum*, "os elementos de geometria são deixados para trás quando o estudante atravessa o *Pons*". Num salto não alinhavado ele liga Euclides, Moore e as posições de Melanie Klein (uma oscilação criativa entre quebrar e juntar): matemática, arte e psicanálise reunidas com a vida erótica, emocional e espiritual.

William Blake captura o lado positivo de *Yesod* em sua visão de Lúcifer, a estrela da manhã, como iluminado. Satã está associado com Energia. Aqui temos alguns versos de *The marriage of heaven and hell* (O casamento do céu e do inferno) de Blake:

> *O homem não tem um Corpo distinto da Alma, pois aquilo a que chamamos Corpo não passa de uma parte da Alma discernida pelos cinco Sentidos. Os principais umbrais da alma em nossos tempos.*

Energia é Eterno Deleite.
Se as portas da percepção fossem limpas, todas as coisas apareceriam aos homens como são, infinitas.

A libido de Freud é algumas vezes descrita como energia erótica que flui, comparada à eletricidade e à água, assumindo várias formas. Pode-se perceber uma sobreposição psicoespiritual entre a visão espiritual que Blake tem do corpo e a visão erótica que Freud tem do espírito. Para ambos, imaginação, mesmo alucinação, desempenha um importante papel na configuração do desejo. O fluxo da energia divina através dos *Sephirot* é, em geral, descrito como um lampejo, um *flash* do qual a energia humana participa.

Algumas correções e amplificações

Minha apresentação do *Ein Sof* e os *Sephirot* pretende transmitir de forma menos amarrada um senso de possibilidades, interações, fluxos. Tentei não ficar apegado a um esquema rígido (não há nenhum esquema ao qual se possa ater: a Cabala é cheia de variações). Mas quero fazer alguns adendos e algumas qualificações. Onde eu tendi a enfatizar a sensação em *Netzach-Hod-Yesod*, pode-se falar de maneira melhor de uma mistura entre sensação e sentimento. Eu esperava mostrar um pouco do que o mundo das sensações oferece por si só. No entanto, de certa forma, a sensação é um tipo de sentimento, uma sensação sentida. E o sentimento é um tipo de sensação, sentir um sentimento. Os dois são virtualmente inextrincáveis. *Sephirot* números 4-9 (*Chesed* através de *Yesod*) são em geral vistos como os *Sephirot* emocionais. *Sephirot* números 1-3 mais o *Daat* são os *Sephirot* do "intelecto". O último, *Malkhut*, o reino da ação. Acho uma mistura não muito amarrada entre sensação-sentimento-ação útil para trabalhar com *Netzach* através de *Yesod*, um tipo de atitude instrumental ou modo de ser, mais do que interesse pela coisa mesma. No entanto, mesmo essa divisão não faz justiça à experiência nessas dimensões. Por exemplo, momentos sexuais maravilhosos são valores em si mesmos, a coisa nela mesma. E isso pode ser verdade em relação a muitos momentos sensoriais, por exemplo, o arrebatamento de uma descoberta científica.

Falando livremente pode-se ver a árvore da Cabala em termos das quatro funções de Jung: o *Sephirot* mais elevado, conhecimento direto, imediato, a intuição seguida pelo pensamento (ainda no *Sephirot* de cima); o *Sephirot* do meio, sentimento; o triângulo de baixo, sensação. Intuição, pensamento, sentimento, sensação. A árvore adiciona mais uma, aquela que está mais embaixo, ação, que pode ser simbolizada por nós de pé sobre nossos próprios pés (como acontece durante a prece judaica).

Também pode-se fazer correlações entre os *Sephirot* inferiores e o ego empírico de Husserl, os *Sephirot* do meio com o ego psicológico de Husserl e os *Sephirot* superiores com o ego transcendental de Husserl.

Diz-se que apenas os três primeiros *Sephirot* mais o *Daat* estão intactos, os outros estão quebrados. Eles se estilhaçaram durante o ato da criação, incapazes de suportar o fluxo da Energia Divina. Os três primeiros mais o *Daat* são emanações diretas (concepção intuitiva) de Deus e caminhos Dele, ainda inteiros. Na minha visão a quebra é progressiva, o grupo das sensações (*Netzach-Hod-Yesod*) é mais quebrado do que o grupo das emoções (*Chesed, Gevurhah, Tiferet*), com *Malkhut*, nº 10, o mais quebrado de todos.

No entanto, é no plano de *Malkhut* que nossas vidas humanas diárias acontecem – a vida no planeta Terra, chamado Reino. O Reino da vida real da constituição de seres humanos reais com todas as capacidades enumeradas e mais. O mais quebrado de todos – o nosso reino. Na prece católica, venha a nós o Vosso reino, seja feita a Vossa vontade, assim na terra como no céu. Aqui quebrado, lá inteiro. *Malkhut*, a esfera mais quebrada de todas – nosso lar, considerado o fim, o objetivo, o propósito da criação de Deus: o drama humano em todas as suas facetas. Toda a elevação e o mais elevado feitos para o mais baixo. O que podemos fazer com isso? O que ousamos fazer com isso?

Como o Espírito Santo na experiência mística católica, nos foi dada a *Shekinah* rasgada e esfarrapada, um aspecto feminino de Deus, que está conosco para ajudar no trabalho da cura e da ação criativa. Ela lida conosco em *Malkhut* dada a sua Presença repleta de espírito. Na nossa esfera, rasgada e esfarrapada, e ainda assim, bela. Rainha do *Sabbath*, conosco na lida com o ponto *Sabbath* mais profundo da alma.

"Santo, santo, santo. Toda a terra está cheia de Sua glória." Uma visão com a qual Blake poderia concordar, que sua vida e trabalho expressam.

Vidas quebradas, almas quebradas. Há um dito, "Todo o mundo foi feito apenas para você", nossa missão, cuidar, remendar, elevar a nós mesmos, nos doarmos. Rabino Nachman: "Nada é mais inteiro do que um coração partido".

Dois contos sobre quebramento: Cain e a torre de Babel

O tipo de elevação requerida desafia a Árvore, não tem uma localização, dissolve as limitações ao utilizá-las.

Quando Caim matou Abel, ele se arrependeu. Medo? Culpa? Dor? Aprendemos muito com esse assassinato, um aprendizado especulativo, importantes pontos de interrogação. Com Caim, já estamos fora do Jardim do Éden. Pensamos no Jardim como se fosse o paraíso ou como se fosse paradisíaco. Mas será que era? Já havia proibições, ameaças, tentações. Agitação no jardim. Perturbação. A queda se desenvolveu dentro do jardim, morte no horizonte. Assassinato.

Com a promessa do paraíso vem a queda, uma conjunção constante. Elas andam juntas. Com uma queda vem o assassinato; primeiro o assassinato da alma, depois o assassinato real.

É um milagre, talvez subestimado, que Caim tenha sobrevivido ao assassinato de seu irmão. Ser um assassino de verdade tem ao menos uma virtude ou aprendizado. A pessoa sabe que é um assassino. Sabe que pode matar. Muitos negam essa possibilidade. Muitos pensam que não são assassinos. Isso pode torná-los mais perigosos do que Caim. Pensar que se está livre de ser um assassino é um engano.

Penso em todos os miniassassinatos que são cometidos todos os dias contra si mesmo e contra os outros. E como escapar do assassinato se se tem um bebê ou se se é um bebê? Assassinato mútuo faz parte do crescimento.

Mas Caim ultrapassou a linha. Talvez ele tivesse que experimentar e mostrar o que é possível, viver e mostrar uma verdade.

E o que aconteceu? Caim tornou-se o construtor das cidades. No túmulo de seu irmão surgiram cidades. Caim, o construtor.

Estamos deixando de fora histórias inteiras de Abel. O hábil Abel, como dizem. Aqui notamos apenas a conjunção entre assassinato e construir, destruição e mais vida. É um conto cabalístico da vida no mundo da ação, o reino da terra, *Malkhut*, onde morte, destruição, quebramento e criatividade estão inteiramente misturados. Só no caso de você ter pensado que pudesse escapar com alguma coisa e encontrar o reino do paraíso na terra – o Holocausto, irmão matando irmão, ciúme, inveja, injustiça, forças danosas através do globo hoje, incluindo as antigas áreas bíblicas. Como antes, agora. Como agora, antes. Se eu pudesse resumir com uma palavra aquilo sobre o que é a guerra: poder. Se puder incluir outras palavras: vaidade e existência. E qual o papel que o bom Deus desempenha nisso? Ele montou isso, brincando com preferências, incitando a rivalidade. Um Deus ciumento, possessivo, destrutivo, deus do amor e da justiça. Tão misturado quanto a terra.

A história da torre de Babel tem uma mistura similar. Aqui a natureza destrutiva de Deus é mais óbvia, embora não esteja também tão escondida nos dramas do jardim e pós-jardim. Como Bion (1994b, p. 241) relata o conto, as pessoas na terra se unem para construir a torre para alcançar o paraíso. Não é um esforço horrível – quem não quer alcançar o paraíso? A tentativa deles de cooperar é destruída, a torre é estilhaçada. Mais uma vez o tema do estilhaçar, *Sephirot* quebrados, vasos quebrados, pessoas quebradas. Estilhaçar e espalhar. As pessoas agora estão espalhadas, suas tentativas de unificação, quebradas, com a consequência (punição) de não mais entender a língua uns dos outros. Uma língua tornou-se muitas, o entendimento foi quebrado. Talvez esse último estado seja uma referência a algo mais profundo na condição humana, ou à falta de habilidade em entendermos uns aos outros, ou até de entendermos a nós mesmos. Ele destaca as dificuldades de conexão, incluindo de nos conectarmos com nós mesmos.

O drama se move da unidade para a dispersão, uma conjunção básica. Unidade ↔ dispersão. A força destrutiva é descrita como vinda de fora (Deus), como em geral acontece nas catástrofes naturais ou em óbvias violações humanas de uns contra os outros. Mas acho seguro postular uma força destrutiva vinda de dentro do grupo, de dentro da humanidade, de dentro de nós mesmos, você e eu. Estamos longe de tomarmos posse desse fato de nossa natureza, e longe de sabermos o que fazer com ele. Há algo em nós que nos retira do Éden, algo em nós que destrói as aspirações paradisíacas. Isso é parte do desafio de *Malkhut*. Gostamos de enfatizar um elemento esperançoso, criativo, mas ao fazê-lo, por mais verdadeiro que seja, diminuímos a percepção daquilo com o que estamos face a face. Talvez não seja com o paraíso que devamos nos preocupar, mas em como conviver bem na terra. Talvez a história nos esteja alertando contra uma superidealização de um bom estado, na medida em que isso nos impede de trabalhar com complexidades da nossa realidade.

Algumas notas meditativas

Possibilidades meditativas com os *Sephirot* não têm limites. Muitos sistemas foram concluídos. Por exemplo, cada *Sephirot* tem números, cores, sons, nomes de Deus associados a eles. As possibilidades são limitadas apenas pela erudição e pela imaginação e talvez por um certo "sentir" espiritual.

A descrição hierárquica de Kierkegaard dos homens de ação, da estética e da ética tem alguma relevância. Mas o que chamamos de "bondade" ou de "o Bem" corre continuamente através de toda a árvore como uma expressão da natureza de Deus. Na pura mente de Buda todas as capacidades descritas são puras. Talvez especialmente *Keter, Chochma, Binah, Daat* e *Chesed*. Aqui é fácil imaginar pureza da vontade, sabedoria, intuição e reflexão. Mas dizemos que em Deus todas essas capacidades são puras, dos atos terrenos generativos (*Malkhut*) à união intuitiva (*Keter*). Ao mesmo tempo, essas são capacidades humanas, narrativas, representações do trabalho de Deus através de nossa própria disposição e habilidade. São projeções, também descritas como espelhos das tendências de Deus. Se Deus ou o demônio, é, em geral, uma questão de contexto e uso. Parece ser algo humano pensar em deuses e demônios. A psicanálise é uma área engajada em expandir o que pensamos como sendo humano. Ser simplesmente humano é, de fato, complexo.

Pode-se meditar com qualquer um dos *Sephirot*. Podemos ir interminavelmente fundo em qualquer capacidade. Escolha sua *sephira*, ou deixe que ela te escolha, preste atenção calmamente e você vai se tornar parceiro de mundos dentro de mundos, mundos sem fim. Você vai antever como qualquer capacidade pode ser má e/ou boa de maneiras que não podem ser desemaranhadas. Você pode desejar ser bom, mas se pensa que conseguiu transcender o mal, você está correndo o perigo de ser um demônio.

A árvore inteira se acende, tremula, treme. Acende como um todo e em todas as suas partes. Cristais, raios, radiância indescritível. Um grande trabalho da Cabala se chama *Zohar*, várias vezes traduzido como radiância, esplendor. Qualquer *saphira* leva vocês além dela para outras. Vocês provavelmente vão ter suas próprias seleções especiais, ênfases, organizações, narrativas – suas próprias disposições e curvas. Vocês podem ter uma árvore sem igual.

E *Ein Sof*? O inalcançável? O que está além do alcance? Mais perto de vocês do que vocês estão. Talvez mais perto de vocês do que vocês jamais vão estar. A menos que vocês encontrem o segredo de suas identidades no Intocável Que Toca Vocês. Gostaria de dizer o Um Intocável, mas temo o inevitável, pego pelo presente da linguagem: seja Um ou zero, zerUm, contando o que não pode ser contado. O tesouro da linguagem com suas dicas de tesouros para além das palavras e sem palavras.

A dica psicanalítica de Bion (1994b, p. 372): " A realidade fundamental é 'infinidade', o desconhecido, a situação para a qual não há linguagem – nem ao menos uma pega de empréstimo do artista ou do religioso – que chegue sequer perto de descrevê-la".

Quando escrevo o "O" de Bion, o sinal dele para a realidade última, desconhecida, às vezes imagino uma abertura do perímetro do círculo (um sistema aberto), e depois o vejo se autoapagar e sumir.

Assim como com todas as outras avenidas, a árvore vai levar vocês a lugares, e se levá-los suficientemente junto, ela desaparece.

Apêndice 2

Quatro mundos

Quatro mundos estão associados com os vários níveis do *Sephirot*. O primeiro é *Atzilut* (emanação), a ponta de cima do *Sephirot*. *Keter* vive aqui. Posso chamá-lo de primeiro nível de emanação do *Ein Sof*, mas, sendo a Cabala tão intricada quanto é, há níveis mais sutis, menos perceptíveis, até mais elevados que estamos omitindo. *Atzilut* está relacionado com uma palavra que significa perto, próximo. Próximo ao *Ein Sof*. Um tipo de contato próximo direto, direto o bastante. A Bíblia diz que a alma é pura e o misticismo judaico diz que um ponto puro da alma está em contato com Deus.

Há uma disputa para saber se *Atzilut*, emanação, é característica principalmente de *Keter* (coroa) ou se estende para o resto da "cabeça", *Chochmah, Binah, Daat* (sabedoria, entendimento, conhecimento). O segundo mundo, *Beriah* (criação), começa com *Chochmah* (sabedoria) ou com *Chesed* (misericórdia)? Para o nosso propósito vou tratar *Atzilut*, emanação, incluindo o principal *Sephirot* mais *Daat*, que, falando estritamente, não tem localização (conhecimento direto de Deus).

Vamos apresentar o segundo mundo, *Beriah*, criação, começando por *Chesed* (misericórdia) e passando por *Tiferet* (beleza). *Beriah* também está relacionado a uma palavra que significa fora, sugerindo que está um passo adiante da Luz infinita primordial. Que em *Beriah*, toma a forma e a função da criatividade. Embora a criação bíblica comece com a luz ("Que haja luz"). É luz criativa, luz criada, mais formada, diferenciada da luz não criada mais perto do *Ein Sof.* Há luz que podemos ver e dimensões da Luz espiritual que não podemos ver, que são invisíveis, intangíveis, não mensuráveis.

O Deus criativo (O Deus da criação) é descrito falando "Que haja..." e a criação brota. Viemos, de alguma forma, do totalmente irrepresentável e sem palavras. *Beriah* (criação) é o agrupamento emocional, peito (tesouro), braços, plexo solar, coração criativo, discernimento, julgamento, força.

Consideramos que o terceiro mundo, *Yetzirah*, formação, começa com *Netzach* (esplendor) e atravessa *Yesod* (fundação). Chamo esse de agrupamento freudiano, Eros, desejo, vontade individual e do grupo, ego, planejamento, determinação, resistência, flexibilidade, persistência, plasticidade, meios e fins, causalidade, conquista. Aqui as coisas tomam novos tipos de formas, não apenas emanação de Deus, mas formação humana. Apesar disso, cada uma das condições limitadoras no mundo da formação origina-se dos atributos espirituais. Nesse esquema é difícil chegar a um lugar totalmente desprovido de Deus, embora tal possibilidade seja postulada para os alcances inferiores de *Malkhut*. Capacidades formativas podem ser exploradas por esses alcances inferiores, mas, em nossas vidas reais, elas estão misturadas com tudo o mais.

O quarto mundo, *Assiah*, ação, envolve *Malkhut*. *Malkhut*, como todos os *Sephirot*, tem muitos níveis, regiões, dimensões e possibilidades. Pensa-se ser possível – alguns dizem que a experiência confirma isso – que exista um nível tão inferior que mesmo Deus não pode penetrar nele, um lugar sem Deus, um momento sem Deus. Diz-se que no Egito os hebreus atingiram o quadragésimo nono grau de depravação e, se tivessem descido ainda mais, teriam se tornado irremissíveis. Isso pode parecer inimaginável, mas algumas pessoas sentem assim. Há estágios da depressão e também do mal em que a ajuda parece impossível, tudo é inferno. Foi Ortega quem disse sobre o céu: "A Mãe Igreja diz que o inferno existe, então deve existir. Mas não acho que Deus-Pai jamais mande alguém para lá". Fui ensinado pelos místicos judeus que depois da morte a alma vai para algo comparável à lavadora, para se preparar para o paraíso.

Mesmo assim, não se pode escapar completamente da sensação de que há algo como um mal total, um domínio além de Deus e da redenção. Ainda assim, outra sensação diz: "Não acredito nisso".

Freud escreve sobre a energia sendo banida no trabalho da pulsão de morte. Ele postula uma quantidade constante de energia no universo psíquico, e ainda assim um pouco dele desaparece no trabalho psíquico da morte, talvez uma tendência à entropia. William Blake escreve "todos os estados são eternos". Talvez possamos abranger isso, por ora, usando setas duplas para expressar estados alternantes e reversíveis: Deus – não deus. Deus – sem Deus.

Não quero pintar (penar) um quadro melancólico de *Malkhut*. Mas sinto que se falharmos em aprender mais sobre o que fazer com nossos aspectos destrutivos, vamos falhar em aprender o que fazer com a vida. *Malkhut*, o mundo de nossas ações no planeta Terra, oferece abundância de tantas maneiras, e ainda assim, a morte faz parte dele, e a mímica da morte, ação destrutiva. Na Idade Média o demônio era chamado de palhaço. Em suas cartas para Jung, Freud chama o ego de palhaço. É melhor tomarmos cuidado com o que pensamos, dizemos e fazemos. Quando a psicanálise disse que um de seus objetivos era transformar o *id* em ego, um sinal de alerta deveria ter se acendido. Eu não gostaria que a minha vida total, a soma da existência, estivesse nas mãos do meu ego menor e de suas tendências gananciosas e destrutivas. Quando Freud escreveu as palavras traduzidas como "além do princípio do prazer" (1920) talvez ele devesse também ter acrescentado "além do ego inferior, menor". O que há conosco que não podemos levar em conta todas as nossas tendências? Isso é possível? Como? Uma função transcendente?

Recentemente assisti ao filme *A Dangerous Method* (Um método perigoso, em português), que achei, em muitos aspectos, "engraçado", uma graça psicanalítica. Por exemplo, o paradoxo: Jung ficava dizendo que tinha que ir além da ênfase freudiana na motivação sexual, no entanto, era ele quem dormia com pacientes. Pode o ego, com todos os seus desejos e ambições, ser o guardião contra a autossabotagem? Quem está enganando quem?

Os quatro mundos podem, também, ser vistos em termos das quatro funções de Jung: intuição, pensamento, sentimento e sensação. Penso no esquema da antiguidade, terra, fogo, água e ar, ou nos quatro humores, colérico, melancólico, sanguíneo e fleumático. Quatro é um número atraente; Jung chamou o número quatro de um símbolo da unidade. As unidades estão sempre rachando. Suspeito que aquilo que os seres humanos continuam tentando conseguir é uma maneira de falar sobre a interação dos estados e das capacidades. Até hoje não paramos de tentar.

Apêndice 3

Círculo e raios

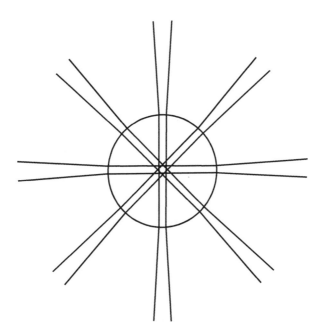

Figura A3.1 – Círculo e raios 1.

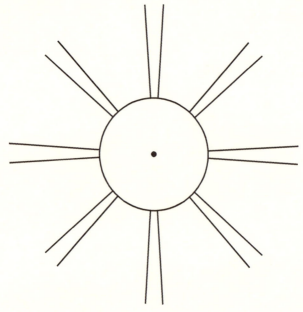

Figura A3.2 – Círculo e raios 2.

Desenhei esses diagramas como descrições simples da ideia de muitos caminhos através de, ou de alguma forma associados com, um centro comum. Pode-se imaginá-los como se estivessem irradiando de um centro comum ou atravessando esse centro, emanando de um núcleo, ou do que quer que suas imaginações sugiram. Estava pensando no comentário de Nicolau de Cusa sobre Deus ser um círculo com centro em todos os lugares, uma circunferência em nenhum lugar. Outras traduções descrevem Deus como um centro em lugar nenhum, uma circunferência em todo lugar. O que ambas as formulações transmitem é Deus em todo lugar-nenhum lugar. Nossas perspectivas mudam. Nossa relação com todo lugar nenhum lugar cresce para além da coincidência dos opostos.

Não tenho a intenção de que essas imagens sejam uma representação ou correspondência exata do pensamento ou da experiência de Nicolau de Cusa, mas uma evocação informal da percepção que tem paralelos com aspectos do *Ein Sof* da Cabala. Deus é irrepresentável, infindável, e ainda assim, não se pode estar em nenhum lugar onde Deus não esteja. Já estamos falando com opostos: está-não está. Bion escreve que para que uma coisa exista ela precisa ser e não ser ao mesmo tempo. Nicolau, penso, tenta nos levar para além das oposições. Para Nicolau, linguagem é conjectura: "Conhecimento" de Deus, conjectura. Bion também revela como nossas narrativas selecionam, inclinam e organizam experiências que as excedem, sustentam ou não têm nenhuma localização.

Recorro a essas imagens de forma lúdica, para devanear com elas, para ver onde podem levar vocês ou como podem fazer com que vocês se sintam. A natureza geométrica delas é rígida, como na árvore do *Sephirot*. Elas deveriam ser onduladas ou apagadas, nenhuma imagem sequer. Mas achei que pudessem ser divertidas e até mesmo úteis para alguns. Tocar um âmago invisível sem uma localização em algum lugar, mas que de alguma forma nos toca.

Apêndice 4

O-gramas

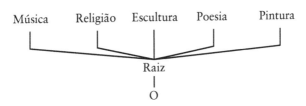

Figura A4.1 – O-grama 1. (Bion, 1994b, p. 323).

Figura A4.1 – O-grama 2. (Bion, 1994b, p. 325).

Bion escreve favoravelmente sobre as estruturas e funções dos ideogramas. Ele cita um livro que fala de caracteres chineses como poesia (1994b, p. 323). Ele gosta da ideia de opostos combinados em uma única imagem, direcionalidade diversa em uma figura. Conota riqueza de experiência. Às hierarquias do tipo que encontramos em ideogramas, e que ele esboçou, chamei de O-gramas. Cada um começa ou termina apenas com O debaixo de todos os processos e galhos que estão acima dele.

No Capítulo 1 (pp. 48) escrevi sobre algumas das relações entre os O-gramas de Bion e a Cabala e a estrutura dos *Sephirot*. No O-grama 1, O subtende "raiz" que se bifurca em instrumento, Deus, pedra, linguagem, tinta. De um sentido-O primordial, ferramentas, espíritos, materiais expressivos emergem (linguagem, tinta, pedra) e, deles, música, religião, escultura, poesia e pintura. Bion cita do trabalho de Ernest Fenollosa sobre os caracteres chineses "Meu assunto é poesia...". Ele gravita em direção a gestos expressivos, necessidades expressivas, contato com a vida, e a pressão de extrair aquilo que esse contato faz surgir. No início há O. E O faz surgir a experiência encorajando a sobrevivência e a cultura, um tipo de monismo complexo. Já fiz um mau uso de O que não deve ter nem começo, nem fim.

Note-se que Bion não inclui negócios ou economia ou dinheiro, ou o impulso por poder nesse agrupamento, por mais importantes que possam ser. Ele inclui áreas conectadas ao cultivo da vida emocional por si mesmas e não principalmente por razões instrumentais. Pode haver áreas em que as duas sejam uma, ou que estejam conectadas ou estimulem uma a outra, ou que se ocluam. Mas nesse O-grama há prioridade para a expressividade emocional e para a arte e religião que ela engendra.

No filme de Werner Herzog, *Cave of Forgotten Dreams*, um documentário sobre as pinturas nas cavernas da França que têm mais de 30.000 anos, um dos cientistas entrevistado disse algo assim, "O homem não deveria ser chamado de *Homo sapiens*, mas de *Homo spiritus*". As imagens nas cavernas eram de tirar o fôlego, inspiradoras e – depois que todas as explicações "racionais" foram exauridas – misteriosas. Inspiradas pelo espírito, o espírito da inspiração, inspirada por O-impactos que compelem a busca expressiva e a dedicação.

Podemos ser assassinos, mas também somos amantes, espantados, tocados pelo espanto e por uma necessidade de criar e expressar o que nos toca e os mundos que essas coisas abrem: O-visões.

Meditem sobre qualquer parte do O-grama e mais irá se abrir. Sigam as ondulações e mais coisas virão à vida, um tipo de acupuntura psicoespiritual que massageia pontos dormentes da alma, dando-lhes vida. Momentos de intensidade, apreciação, despertar. Na última frase da página 323, Bion (1994b) escreve "O que é importante? A raiz? A flor? O germe? O conflito? A durabilidade?".

Entrem em qualquer lugar, cuidem dele e jardins, florestas, mundos irão crescer. Muito parecido com os *Sephirot*, menos com a estrutura análoga à do *Ein Sof*, O está no fundo e não no topo. Isso é muito parecido com a experiência que tive com Bion quando o conheci. No instante em que entrei para a minha sessão, senti que ele estava embaixo de mim, é difícil colocar isso em palavras. Penso na palavra entender (*understand*), estar sob (*stand under*). Não senti que ele estivesse acima, mas abaixo, um suporte mudo na minha busca dolorosa. Trouxe para perto um alívio instantâneo, um sentido de que, sim, aqui está algo que posso valorizar, um ponto que tornou minha vida mais possível.

Bion de forma alguma diminui a importância da sucessão ou do ordenamento temporal. Em um ideograma mordida/cachorro/

homem, faz diferença se é o homem que morde o cachorro ou se é o cachorro que morde o homem. No entanto, uma dimensão de compressão (semelhante ao trabalho de Freud "A significação antitética das palavras primitivas") desempenha um papel importante na experiência e no ambiente psíquico. Esse último se sobrepõe aos domínios chamados de "processos primário", "experiência sincrética", "ordem implicada", "modo simétrico de ser".

No O-grama 2 Bion sugere os processos abrangendo algumas dimensões. No meio da lista estão os elementos-alfa, separando as coisas em si mesmas de forma solta (elementos-beta através de O) e imagens. Elementos-alfa transformam as coisas em si mesmas em imagens. Formulo isso de forma grosseira e imprecisa. Eles não transformam mais umas nas outras do que as pessoas colocam sentimentos em palavras. Vocês já viram alguém colocar sentimentos em palavras? Coelhos invisíveis dentro da cartola? Essas são formas de falar, ocluindo e aludindo aos processos transformacionais incessantemente em curso. Eles insinuam algo mais palpável e sólido do que a existência. No entanto, Bion sugere algumas divisões entre o que está acima e abaixo de alfa.

Mais uma vez, posto de forma grosseira, ele chama alfa de um termo sem sentido que pretende significar processos que transformam um senso de coisas em si em várias formas de significado. Dissemos transformam, mas isso não significa que o domínio das coisas em si cesse, perca seu significado. Talvez seja melhor pensarmos em diferentes dimensões de experiência-do-ser interagindo, assumindo diversos tipos de relações (exemplos: antagonismo, fusão, reversibilidade, oscilação e auras menos tangíveis às quais não podemos nem começar a fazer justiça aqui).

Notem, mais uma vez, que O subtende a Cabeça de Deus e análogos. De certa forma, isso protege "Deus" dos sistemas de crença sobre "Ele". Abre campos de possibilidades que têm a ver com aquilo a que chamamos mistério. Muito do que dizemos sobre Deus é conclusão precipitada. Isso também se aplica ao que dizemos a respeito de não-Deus. O que é binário tende a bloquear o que tenta expressar.

Aquele beta, a Cabeça de Deus, e O estão abaixo de alfa, ou antes do processar de alfa, o que sugere que muito do que acontece ali está além da nossa gama de experiência, mas é profundamente relevante para a experiência. Muito do que tem impacto sobre nós não é nomeado. Até certo ponto, talvez possamos dizer que o impacto dá origem a alfa, dá origem à imagem, dá origem ao símbolo, dá origem ao pensamento (seguindo e modificando Paul Ricouer).

Agora pensamos que sabemos alguma coisa sobre campos eletromagnéticos. Durante a maior parte do tempo de existência da raça humana, campos eletromagnéticos eram desconhecidos e não sabíamos de que modo eles poderiam ter impacto em nossas vidas e personalidades. Os antigos postulavam forças que poderiam ter algo em comum com campos eletromagnéticos invisíveis. Eles deram expressão à percepção de um impacto de processos desconhecidos, que eles tentaram elaborar em uma visão imaginativa e na reflexão. Impactos do Desconhecido e do Incognoscível desempenharam um importante papel na vida das pessoas e nos sistemas de crenças. Bion inclui uma referência "do infrassensual ao ultrassensual" no O-grama 2. Ele postulou um "domínio psicanalítico" que ligou à "noosfera" de Teihard de Chardin (1959), parte de uma psicosfera mais ampla, um domínio intangível parcialmente percebido pela intuição (*Keter, Chochmah*), mas não acessível ao senso comum ou aos modos ordinários da percepção (os *Sephirot* inferiores). Vastos processos inconscientes que são modelados não apenas pela "repressão", mas pelas capacidades, o que podemos e não podemos acessar, aquilo com que podemos ou não trabalhar e como.

Processos que precisamos respeitar, mesmo que não saibamos o que sejam eles. Ao mesmo tempo processamos os impactos que podemos, e os utilizamos como podemos, através de alfa até a imagem, ao símbolo, à narrativa e além e vice-versa (note-se que no O-grama 2 as setas apontam para baixo das funções de cima em direção a O).

Para frear o reducionismo, Bion acrescenta que o gosto, o toque, o cheiro, o som e possibilidades sensoriais infra-ultra podem ser substituídos pela imagem nesse esquema (assim como ele percebe os diferentes mundos da experiência que encontramos através da respiração, propriocepção, cinestesia, digestão, reprodução, e intimações difíceis de localizar e expansões sensoriais sutis). Ele alude a vastos domínios que tocam e nos pressionam para além de nossa capacidade de acessar. Não é algo acidental em nossa natureza que faz com que continuemos tentando dar expressão ao desconhecido em muitos níveis, de muitas formas, com todas as capacidades que temos.

Quando Bion estava em Nova York, alguém perguntou por que ele não usava a linguagem psicanalítica comum, por que introduzir um termo como alfa? Bion falou sobre quão pouco sabemos sobre esses processos e depois comentou, "Uso alfa como um ninho, esperando que pássaros de significados possam posar nele". De certa forma, ele virou os *Sephirot* de cabeça para baixo, mas abriu portas de possibilidade. Na Bíblia, Deus ás vezes é associado ao desconhecido, às profundezas inacessíveis. Bion protege essas profundezas, aumenta nosso senso apreciativo em relação a elas. Dogen (1985), um mestre Zen do século XIII, escreve que profundidade é uma medida de altura. Medida, aqui, está ligada à incomensurabilidade (nem altura, nem profundidade). Uma vez que ambas, medida e incomensurabilidade, são momentos reais do ser, ambas importantes para o nosso modo de vida, podemos colocar a primeira como numerador e a segunda como denominador, as duas em um símbolo expressivo. Ou podemos chamar o que seja mensurável de figura contra um fundo incomensurável, a qualquer momento capaz de reversão.

Apêndice 5

A grade de Bion

	Hipótese definitória 1	Ψ 2	Notação 3	Atenção 4	Indagação 5	Ação 6	...n
A Elementos beta	A1	A2				A6	
B Elementos alfa	B1	B2	B3	B4	B5	B6	...Bn
C Pensamentos oníricos, sonhos e mitos	C1	C2	C3	C4	C5	C6	...Cn
D Preconcepção	D1	D2	D3	D4	D5	D6	...Dn
E Concepção	E1	E2	E3	E4	E5	E6	...En
F Conceito	F1	F2	F3	F4	F5	F6	...Fn
G Sistema dedutivo científico		G2					
H Cálculo algébrico							

Quando Bion estava em Nova York (1978), dava pouca ênfase à grade. Sua ênfase principal era na sessão viva. Em termos experienciais ele sentia que a sessão vivida estava na fileira C, pensamentos oníricos, sonhos e mitos. Se você estivesse em D até F, havia chances de que você não estivesse na sessão, não no momento sentido. Ao menos a grade servia para refletir, entre as sessões, acerca da experiência emocional da sessão vivida, uma forma de destacar a sessão e realocá-la junto com várias dimensões que podem melhorar o discernimento dos processos. Ele escreveu sobre isso como um tipo de exercício psíquico, manter a função-alfa viva e em manutenção, mantendo a intuição viva.

Enquanto ele falava, imaginei se estaria depositando a grade num tipo de ferro velho, assim como Husserl fez com suas primeiras tentativas de matematizar a consciência. Husserl decidiu que uma matemática da consciência não era possível (ao menos de acordo com o horizonte dele), virou toda a sua atenção para a tarefa de delinear as estruturas da experiência e passou a ser conhecido como o "pai da fenomenologia do século XX".

No seminário de Nova York, Bion também subestimou o livro sobre grupos (Bion, 1948). Ao ser perguntado sobre esse trabalho anterior e bem conhecido, ele perguntou, "As pessoas ainda leem isso?". Não tenho certeza a respeito do tom dele. Não era simples, havia possivelmente um toque de menosprezo, mas mais provavelmente espanto e curiosidade. Realmente, não sei. Eu mesmo fiquei surpreso com isso. Depois me perguntei se havia um tipo de desapontamento. Afinal de contas, era 1978, uns trinta anos depois, e tantos trabalhos sobre processos psicóticos haviam sido publicados, os grandes trabalhos dos anos sessenta culminando com *Attention and Interpretation* (1970), sem mencionar seu último trabalho extenso, *A memoir of the future* (1991), e o seminário que estava acontecendo naquele exato momento. Ainda assim, duvidei que fosse desapontamento ou decepção. Realmente parecia mais surpresa, a um só tempo agradável e curiosa.

Conheço várias pessoas para quem o livro sobre grupos é Bion. Esse é o livro que conhecem, leram e valorizam, apesar da vasta e impressionante literatura que o seguiu. É como se essa, com poucas exceções, nunca tivesse existido. Mas há outros para os quais o desdobramento em cadeia do trabalho dele é revelador, ainda em andamento no último ano de sua vida.

Pessoalmente gosto do livro dos grupos (*Experiences in Groups*, 1948, republicado pela Tavistock, 1961). Começa como uma peça de Pinter, um único foco de luz no analista, a sós no palco. Gradualmente, os pacientes entram e começam as interações. O analista, que se sentia bem a sós, começa agora a passar por vários puxões e arrancos, deformações emocionais sob pressão do envolvimento do grupo. Ele tenta apontar algumas dessas deformações, descrevê-las. Um pequeno dicionário de suposições básicas e das forças que elas exercem começa.

Não gostaria de perder os primeiros trabalhos. E não gostaria de perder a grade. Dizer que Bion avançou não é abrir mão de cada passo alcançado.

Abordo a grade aqui porque eu a conecto livremente com os *Sephirot*. Não é uma conexão de ponto a ponto. Há importantes diferenças. Mas há uma sobreposição de atmosfera e preocupações. O que digo não é definitivo, apenas conjecturas de reflexão, uma exploração mais tateante do que conclusiva. Dizer isso abre o caminho para mim, para que eu possa alegar licença poética e assumir alguns riscos.

Outras pessoas escreveram sobre a grade com mais detalhe do que faço aqui, mas quero ao menos apresentar um amplo esboço para o leitor interessado que pode achar as linhas de letras, números e palavras desorientadoras, até mesmo agressivas.

O eixo vertical, de A a H, é, em geral, caracterizado como um crescente do pensamento mais concreto para o mais abstrato. O binário concreto-abstrato oclui muito e vou tentar apontar algumas complexidades. O eixo horizontal, de 1 a 6...n, retrata o crescimento da experiência em direção à ação, abrindo caminho para novas possibilidades para além da ação. Os termos delineados parecem grosseiros comparados com os processos que eles expressam. A grade como um todo pode ser tomada para retratar o crescimento do pensamento, da experiência e do sentimento. Proponho que ela retrata também o crescimento da sensação. A floresta pode facilmente ser perdida nas árvores, então antes que eu fique atolado em detalhes, deixe-me dizer que toda a grade treme, vibra, é radiante. Balança como gelatina, ondulações, e como os *Sephirot*, qualquer parte dela pode se ligar a qualquer outra e todas as partes estão contidas umas nas outras. Todas as partes da grade, assim como os *Sephirot*, expressam transformações.

Notem que O está ausente. Tudo na grade se propõe a expressar O-impactos e, de uma maneira ou de outra, dá a eles forma ou os prepara para que ganhem forma. Assim que há impacto, ele é submetido ao processo de transformação através de quaisquer sistemas de filtragem que nossas formas de vida sejam feitas ou usem. O é enviesado através da "grade" de nossa constituição. Uma forma de dizer isso é que temos acesso ao que nosso sistema faz com O-impactos. O O do O-impacto é, por assim dizer, desconhecido.

A grade começa com elementos-beta, "A" no eixo vertical. Acima de A tem um espaço em branco. Para mim isso sugere que um monte de processos acontece fora da grade, antes de alcançar a grade, antes de alcançar beta. Sejamos um pouco rebeldes e apresentemos *Ein Sof* fora da grade. Em vez de alcançar a grade através de *Keter--Chochmah*, a cabeça, a alcança através de beta, mais parecido com o que os gregos chamavam de *hylé*, um tipo de substância ou matéria sujeita a transformações. Fala-se de beta como se fosse "sensação", sendo um problema entender como a sensação cresce em direção ao pensamento. Pode-se dizer que a grade, grosso modo, equipara o *Sephirot* de cabeça para baixo com *Keter-Chochmah* no fundo. Mas as coisas não são tão simples.

Na psicose os pensamentos podem agir como sensações e serem tomados como coisas reais, as coisas em si. Pensamentos, imagens e alucinações se tornam realidade. Bion gasta muito tempo do trabalho dele delineando esse processo. Pensamentos, sentimentos e sensações se transformam em presenças animadas, realidade inspirada.

A grade abre a questão mais ampla de como as coisas funcionam. Todas as localizações na grade representam funções. Como funciona um pensamento, um sentimento, uma sensação? Funciona como um objeto-beta ou como um elemento-alfa, como um sono, um mito ou como uma preconcepção, uma concepção ou um conceito? Todo pensamento com o qual nos deparamos não funciona como um pensamento, não faz, necessariamente, parte de um processo de pensamento que esteja acontecendo. Conceitos podem funcionar como demônios, ou um nada irreal, ou entrar numa luta, uma tentativa genuína para pensar. Como indicado aqui, as janelas da tabela podem se fundir ou se separar de inúmeras formas.

Em uma de suas funções positivas, os objetos-beta alimentam as funções-alfa. O puro registro do impacto atrai e estimula o trabalho psíquico. Esse trabalho pode consistir em impedir o impacto. Ou em continuar a registrá-lo, ganhando, inconscientemente, alusões em relação a ele, hipóteses implícitas (A1), seguindo em direção à notação, à atenção, ao questionamento, e às ações no plano horizontal e em direção às narrativas-imagens de sonho/míticas, preconcepções e concepção (F1) no vertical. Nessa modalidade algumas pessoas falam de uma função alfa-betizadora, convertendo os impactos-beta através da função-alfa em material mais útil para o crescimento da experiência.

Escrevi sobre *hyle* em relação a beta, pode-se meditar, de maneira proveitosa, sobre a "materialidade" dos impactos-beta, colocando-os em paralelo com o que Aristóteles deve ter querido dizer com *hyle*. Mas eu acrescentaria aqui um tipo de "materialidade" psíquica, material psíquico desconhecido, parte de processos psíquicos desconhecidos, que passam por transformações através da imagem, do símbolo e do pensamento, como tentam assinalar os O-gramas.

Boa parte da literatura sobre objetos-beta enfatiza seus aspectos negativos, como eles interferem no processo emocional "aglutinado" ou como objetos-beta demonizados bloqueiam e destroem o fluxo psíquico, eles exacerbam as reações persecutórias e são projetados ou evacuados em tentativas de se livrar deles, criando ainda mais perseguição.

Bion descreve impactos-O como um *big bang* catastrófico, destruindo o espaço psíquico, criando uma situação em que objetos psíquicos se chocam através do espaço em expansão de maneira cada vez mais desengonçada. Até certo ponto, a coluna vertical 2, a função *Psi*, diminui a velocidade das coisas, um tipo de sistema de freios ou barreira de contenção, permeável, mas resistente. Isso ativa a notação, a atenção e o questionamento por um lado, e pelo outro ativa o sonhar, o mitificar e os vários processos de pensamento implícito-explícito. Ele está grafando a criatividade.

O nascimento da vida psíquica é descrito em um modo de trauma, mas as capacidades para se realizar um trabalho criativo com o trauma se desenvolvem. Bion, com frequência, escreve sobre uma "escolha": negar ou modificar. A grade sugere que o trabalho criativo não tem fim. Talvez não tenha, também, nenhum começo. A grade é uma descrição dos processos criativos possíveis contra um fundo desconhecido. Sugeri que muito acontece fora da grade, antes de aparecer nela. Falei do O ausente como o *Ein Sof* fora da grade, infinitamente desconhecido, mas você pode substituir o que quer que pense que possa ser uma designação do O desconhecido.

Bion atribui o processo do desconhecimento ao alfa, que desempenha um papel perto do começo da digestão emocional. Uma função necessária é a notação. Bion dá o exemplo de se gravar um acontecimento com imagens. As imagens funcionam como um ideograma contendo vastas complexidades de um momento, em geral expressas como opostas à medida em que se desenvolve a narrativa binária. Essa última usa e desenvolve operações tais como comparar-contrastar, mesmo-similar-diferente. Mas ele está determinado a chamar atenção para o trabalho desconhecido que acontece no crescimento de processos emocionais desde o começo.

Assim como Kafka, que chama sua vida de um momento incompleto, Bion sente que a maioria dos sonhos são sonhos abortados. Sonhos (coluna C) desempenham um papel na digestão emocional. Por exemplo, eles tentam lidar com impactos catastróficos, mas com frequência entram em curto antes que a "solução" seja encontrada. A maioria das pessoas experimenta sonhos que de repente são interrompidos antes da "conclusão". Talvez a interrupção seja ela mesma uma conclusão, retratando o sentido fragmentário e incompleto de nossa existência.

Em *Damaged Bonds* (2001) pergunto se parte da irritabilidade humana não está associada à indigestão emocional largamente difundida. Que tipo de sonho uma sessão de terapia pode ser?

Pode a terapia desempenhar um papel na digestão emocional, ou pode terminar como mais um pesadelo?

Bion percebe que os pesadelos servem a uma função importante, potencialmente conduzir a consciência para o trauma emocional. Ele vê como uma vantagem ser capaz de produzir um pesadelo em vez de produzir um sintoma somático para se expressar aquilo que amedronta a pessoa.

Ainda assim, com tudo o que sabemos sobre o sonho e as operações defensivas, Bion mantém o campo aberto. O que está tentando ser processado agora? Para Bion, somos exploradores. Se o pano de fundo emocional do nosso ser é infinidade desconhecida com um milhão de faces (experimentada/filtrada através do pavor, agonia, ira e alegria) somos parceiros eternos de desdobramento/desenvolvimento interminável.

Escrevo sobre objetos-beta como mediadores de puros impactos de O, um impacto que pode assumir muitas colorações emocionais enquanto o processo se desenvolve. Não sabemos o que sejam objetos-beta. São algo que Bion inventou para evitar saber algo que não sabemos.

Às vezes eu os apresento como puras porções de trauma, ainda não especificadas, indefinidas, esperando o processamento e/ou evacuação. Alfa de algum modo age sobre eles, transformando-os em material útil para o aprendizado e para o crescimento. Um material imaterial, uma vez que são eventos psíquicos que não podem ser localizados como um fígado ou um cérebro (pode-se ver processos cerebrais representados por imagens de vídeo, mas ninguém nunca "viu" um pensamento. Pensamentos são pensados, sentimentos sentidos).

Tendo a ver beta como algo muito vivo, denso, com uma possibilidade compactada, penso no mestre Tao se referindo a ele mesmo como uma pedra não lapidada. Ou nos "prisioneiros" de Michelangelo, semiemersos, mas ainda parte da pedra bruta que é a substância e o pano de fundo não lapidado deles. Ou da criança ingênua na ceia, *seder*, de Páscoa, que não sabe o bastante para perguntar, um tipo de silêncio místico mudo pela esmagadora natureza das coisas, emudecida pelo espanto. Ou em mim mesmo quando era criança que muitas vezes sentia "O que está acontecendo aqui?". Um tipo de estado mudo, um branco, esperando. Não tinha a menor pista sobre o que estava acontecendo até entrar para a Universidade, quando, de repente, a luz dentro da rocha começou a brilhar. Venho me sentindo como um objeto-beta ao longo de toda a minha vida, ou ao menos, em contato com uma dimensão-beta de existência (preexistência?).

Outro tropo para os inícios do processamento emocional pode ser a vida emergindo em um pântano ou brejo, ou do fundo do mar, formas misteriosas e estranhas que fascinam ou repelem.

A fascinação com as origens não é uma coisa nova na história. Os antigos tinham noções do informado, o potencial. Bion frisa processos que inventam as coisas em si, não apenas uma ordem imposta de fora: processos de autoarrumação e autodestruição, interagindo com outros processos.

No Apêndice 1 escrevi sobre as contribuições positivas que a sensação traz para a vivacidade, o fluxo e a coloração da vida. A sensação não é um tolo tedioso, um objeto-beta inerte. Pode ser inefável, elevando a existência. Desempenha um papel no sentir sentimentos, perceber pensamentos. Freud considerava a consciência um órgão dos sentidos para a percepção das qualidades psíquicas. Esse é um importante componente do trabalho de Bion, o sentir a vida. Como a vida é sentida? Um sentido da vida. Qual é o sentido da vida? Uma questão sobre o mundo-infra-micro que Bion sintoniza envolve não apenas se x é beta ou alfa, mas como ele funciona. Por exemplo, está se movendo em direção à vida ou à destruição da vida, em um dado momento? Freud diria sempre aos dois. Como alguém prevê isso?

Às vezes a grade é retratada funcionando em reverso. Ao invés de um senso mudo ou da intimação crescendo em direção a pensamento-ação, esse se transfere de volta a nada, ou pior do que nada (Eigen, 1996, Capítulo 5, "Bion's No-thing"). Há nadas malevolentes e positivos, uma grade positiva e negativa, dependendo de como um estado ou capacidade está funcionando, em geral o negativo e o positivo trabalhando juntos assim como aparentemente em desacordo. Freud disse que todo ato psíquico é constituído pelos instintos de vida e de morte – o negativo e o positivo, a grade é uma tradução dessa visão. Isso é muito parecido com as funções criativo-destrutivas dos *Sephirot*, trazendo a alma em direção a Deus e em direção à alienação (lembrem-se do quão agoniado estava o rabino Nachman quando se sentia tão perto e tão distante de Deus – Capítulo 2). Ou em outro plano, menos deísta, um movimento duplo em direção à existência que vale a pena e à autodestruição (Eigen, 2001, Capítulo 6, "The need to kill oneself").

A grade se presta a tantos usos. Por exemplo, ela pode estimular contemplação entre a ação e o pensamento. A ação é a última categoria horizontal preenchida, e características do pensamento, a última na vertical. Eles estão conjugados em processos assinalados por A até F. A ação pode dominar o pensamento ou o pensamento pode dominar a ação, com muitas misturas e variações. Husserl descreve o pensamento como uma ação mental. A ação se aplica a muitos domínios, uma variação que inclui e se estende para além de onde os atos dos elementos-beta possam ser chamados de atos das funções-alfa, até várias gradações e qualidades dos atos superiores influenciados pelo pensamento. O mesmo pode ser dito a respeito da escala da ação conduzida pelo pensamento, para melhor e para pior, dependendo do tipo de pensamento e de ação. Estamos caminhando com ideias e imaginações más. Atencioso não significa, necessariamente, bom ou que se está agindo de forma errada. O reverso muitas vezes é assim.

No nível mais "elevado" da grade praticamente não há interação com a coluna vertical, aliás, com nada além dele mesmo. O G2 é uma exceção que tem uma função de frear. Para os demais, pensamento "elevado" pode ir aonde for, não limitado por nada além dele mesmo, embora Bion tenha tomado o cuidado de chamar a atenção para aspectos emocionais do pensamento em geral. No topo e embaixo alcançamos espaços vazios, abertura. Ainda assim, não se pode dizer que H seja incondicionado. Toda a gama de processos de A até F, subtende e o precede. Bion sente que há substratos emocionais da matemática (vimos um pouco disso antes, ao discutirmos os triângulos de Euclides; Apêndice 1). Mesmo o salto para o não constrangimento tem ligações invisíveis com processos desconhecidos de "antes" e "depois", ou nenhuma localização no tempo. A grade, então, é como os prisioneiros de Michelangelo, esculpida de um horizonte mais amplo e desconhecido, que Bion liga à noosfera de Teilhard de Chardin, um tópico discutido no Apêndice 6 (em conversa, Stefanie Titelbaum foi quem me chamou a atenção para o profundo significado dos "prisioneiros" de Michelangelo).

Apêndice 6

Citações de Bion

A seguir há uma seleção das citações de Bion que são relevantes para a reflexão psicoespiritual. Poder-se-ia dizer que tal relevância se aplica à maior parte do trabalho de Bion, então, por que escolher essas citações? Escolhi algumas que contêm algum tipo de referência mais ou menos explícita às dimensões psicológica e espiritual. Há ainda muitas outras. Espero, com as poucas que escolhi, estimular o interesse para uma exploração mais profunda. Espero, também, que os comentários que acrescentei sejam mais úteis do que irritantes.

* * *

A realidade fundamental é "infinidade", o desconhecido, a situação para a qual não há linguagem – nem mesmo aquela pega de empréstimo do artista ou do religioso – que chegue sequer perto de descrevê-la (1994b, p. 372).

* * *

Bion usa O para significar infinidade desconhecida, realidade última. Nesse livro, eu a relacionei com *Ein Sof* e com YHVH, realidades que nenhum nome, nenhuma imagem ou concepção podem circunscrever ou descrever. Contudo, usar O, *Ein Sof* ou YHVH parece duramente limitador. Na passagem anterior, Bion tenta deixá-la em aberto, não há signo para ela, embora palavras tais como "a realidade fundamental, infinidade, o desconhecido" já atuem como indicadores. O que Buda quer expressar quando fala da realidade que nem palavras, imagens ou conceitos podem fazer justiça a, nem mesmo palavras como "vazio"? O "desconhecido" também faz parte da ciência e da resolução de problemas, lacunas no conhecimento e tentativas de preenchê-las. O físico Eddington, em algum lugar, disse a respeito do universo: "Algo que não sabemos o que seja está fazendo não sabemos o quê".

A dificuldade de representar o que não pode ser representado se aplica à comunicação comum também. Há uma frustração inerente à tentativa de comunicar sentimentos, mesmo de comunicá-los para si mesmo. Uma frustração muitas vezes matizada com prazer, talvez, mas também com dificuldade. Luta-se para encontrar as palavras para se dizer o que se quer dizer, ou mesmo para tentar saber o que alguém quer dizer. Ao olharmos mais de perto vemos que a dificuldade em representar o Irrepresentável marca o trabalho da comunicação emocional de forma mais geral. A frustração que faz parte da tentativa de conversar--comunicar é, com frequência, subestimada, ou inadequadamente reconhecida, fazendo com que seja mais difícil reconhecer esse aspecto de nossa situação. Não é incomum pensarmos que comunicamos com sucesso algo importante para nós, para logo sermos tomados de surpresa pelas camadas da interpretação errônea. Representação errônea, interpretação errônea, fazem parte de nossa tentativa de nos ligarmos. Aquilo que pensamos que dissemos ou que esperávamos dizer, muitas vezes, desvanece enquanto falamos e ouvimos, correndo como água por entre nossos dedos. Admiramos o poeta que pode criar a realidade enquanto fala, abrindo e golpeando nossos corações.

* * *

> *A psicanálise em si é apenas uma listra no pelo do tigre. Fundamentalmente ela pode encontrar o tigre – a coisa em si – O. (1991, Book 1, p. 112)*
> *Devo supor um espaço mental multidimensional impensado e de extensão e características impensáveis. Com isso devo supor que haja um domínio de pensamentos que não tem um pensador. Separados um do outro no tempo, espaço e estilo, de uma maneira que só posso formular usando analogias da astronomia, postulo um domínio de pensamentos que tem um pensador. Esse domínio é caracterizado por constelações de elementos-alfa. Essas constelações compõem universos do discurso que são caracterizados por conter e estarem contidos por termos como "vazio", "infinito sem formas", "deus", "infinidade". Devo nomear essa esfera pegando emprestado o termo "noosfera" de Teilhard de Chardin (The Phenomenon of Man), mas como desejo evitar uma penumbra muito grande de associações, particularmente aquelas ativadas pelo termo "esfera", vou empregar o signo mais isento que eu possa (compatível com a retenção de sua capacidade para a comunicabilidade), sigma (1994b, p. 313).*

* * *

Primeiro, "um espaço mental multidimensional impensado e de extensão e características impensáveis". Dentro desse espaço mais amplo "um domínio de pensamentos que não tem pensador".

Esse espaço referido constitui o espaço-beta. Meditem sobre "um espaço mental multidimensional impensado e de extensão e características impensáveis" e vejam onde ele os leva. E também sobre "pensamentos sem um pensador".

Pode-se pensar em um "espaço mental multidimensional impensado e de extensão e características impensáveis" como o reino mais amplo, um horizonte de fundo sem tempo ou compasso imagináveis. Dentro desse reino, pensamentos sem um pensador. Em outra passagem, quando discute os O-gramas (1994b, p. 326) Bion chama o domínio impensável e os pensamentos sem pensador de psicosfera.

Dentro da psicosfera está o que Teilhard de Chardin chamou de noosfera. Para Teilhard de Chardin era um passo à frente na evolução, do mundo físico ou geosfera, para o animado, ou biosfera, da mente e constituição humanas que evoluem para a noosfera, uma rede unificada, que conecta mente-espirito (talvez um paralelo com a rede de Indra no Budismo). Noosfera vem de *Nous*, mente-espírito na filosofia grega antiga. Para Bion é uma parte da psicosfera que começa a pensar pensamentos, pensamentos vastos e pensamentos de sobrevivência, espaço-alfa incipiente. Como mencionado na citação, ele renomeia a noosfera de Teilhard de Chardin de sigma. Pode ser também que ele tenha usado o Ômega (o "ponto" final da evolução) de Tilhard de Chardin, O, como um signo geral para o infinito desconhecido, realidade última.

Teilhard de Chardin, um paleontólogo jesuíta, descreveu cada estágio sucessivo como realidades emergentes. Para Bion, pode ser que seja assim, mas eles tendem a funcionar mais como processos estruturais que existem simultaneamente, interagindo de forma complexa com (ou, no caso de uma das imagens astronômicas dele, reagindo contrariamente a) o outro. A psicosfera impensável mais geral, e seu domínio de pensamentos impensáveis – ambos agrupados na categoria espaço-beta –, permanecem como um tipo de fundo infinito e horizonte como espaço-alfa, sigma, e os pensamentos com um pensador se desenvolvem. Bion dá como exemplo de constelações de elementos-alfa, pensamentos vastos como "vazio", "infinito sem forma", "deus", "infinidade". Pensamentos sobre o impensável. Boa parte do pensar humano segue em direção ao impensável.

A função-alfa abre um caminho na direção de pensarmos sobre a vida psicológica sem confiná-la a um corpo visível. Termos como "ânimo", "caráter", "personalidade", "ansiedade" apontam para realidades que não são idênticas à identidade física. De maneira similar, para Bion, realidades psicanalíticas constituem um "domínio psicanalítico" (1994b, pp. 325-326) que não é acessado pelo pensamento ou discurso comuns, mas requer o desenvolvimento de uma capacidade especial de intuição, caracterizada por estar sem memória, sem desejo, entendimento e expectativa.

Esse último estado pode ser impossível, ainda assim é uma direção ou caminho, uma forma de exercitar uma capacidade específica, e mesmo de estimular seu nascimento e desenvolvimento. O espaço-alfa é capaz de crescer, seus limites são desconhecidos. Vocês podem desenvolver suas próprias ligações, similaridades e diferenças com a intuição no misticismo judaico e com os *Sephirot*. Lembrem-se, cada *sephira* inclui e se comunica com todas as outras, de maneira que a intuição (representada por um *sephirot* mais elevado) possa funcionar para investigar e trabalhar com esferas inferiores assim como para que possa abrir caminhos em direção "àquilo" que está além de todas as esferas.

Para Bion, é mais difícil dizer o que é mais elevado ou inferior, e, se ele pudesse, suspeito que eliminaria a direcionalidade hierárquica das descrições do espaço, das realidades e possibilidades psíquicos. A comunicação com a linguagem que temos é muito demandante, especialmente quando tentamos usá-la para expressar algo que não foi feito para ser expresso. Bion escreve sobre a dificuldade de usar um enquadramento da mente e do discurso que tenha se desenvolvido a serviço da sobrevivência das preocupações psicológicas iluminadoras, das questões de integridade e do desenvolvimento pessoal.

A mente fica tentando explodir a si mesma, ir além de si, descamar conchas. Penso em diversas imagens do Oriente e do Ocidente: Moisés buscando livrar um povo da escravidão. O tropo bíblico envolvendo liberdade da escravidão no Egito se liga à palavra *mitzrayin*, relacionada a limite, limitações – liberdade das limitações. Para uma interpretação cristã sobre o mesmo tema, Nikolai Berdyaev, *Slavery and freedom* (1975), a fé em Cristo como um caminho libertador. Para Buda, liberdade da escravidão de nossas mentes, vida, disposição e tirania do *self*.

Que tipo de observação, experimentação, intuição e visão foi descoberto e está em processo de descobrimento?

O desenvolvimento da intuição psicanalítica apresenta desafios para os praticantes. O processamento, a visão e o perceber intuitivos podem fazer com que um indivíduo seja mais sensível às variações psicóticas da experiência. Muito do que o indivíduo do dia a dia faz, passa desapercebido, esconde, ignora, as versões do *self*, as identidades menosprezadas, tudo isso pode abrir caminho para processos psicóticos temidos. A intuição contata áreas translúcidas turbulentas do sigma, abrindo as janelas que a personalidade tenta selar.

A intuição abre mundos não percebidos pelo *self* habitual. Por exemplo,

> *Sonhos precisariam ser pensados como pertencendo a uma categoria C muito mais ampla (ver Apêndice 5: A grade de Bion), muito mais extensa do que uma que encerre apenas imagens visuais ou quaisquer outras imagens sensórias, embora na psicanálise "prática" só os elementos, dentro uma variação sensorial, possam, por definição, ser experimentados. Mais cedo ou mais tarde a investigação teria que ser estendida primeiro às áreas infra e ultrassensoriais e depois à noosfera e à psicosfera (1994b, p. 326).*

Para tentar evocar o sentido para o qual ele aponta, Bion escreve a respeito de um grande Sigma e de um sigma pequeno, esse último se refere à pessoa de carne e osso que vemos diante de nós, o primeiro, a realidades psíquicas não vistas e desconhecidas. Todas as nossas capacidades entram em jogo e funcionam de uma só vez. Todo o conhecimento (K) que adquirimos através das cognições filosófica e científica comuns, e dos domínios das realidades "inacessíveis" revelados pela fé (F). Bion chama a atitude psicanalítica de F, abrindo-se radicalmente para o desconhecido.

O eu prático escreve desconhecido num sentido de processo, embora o eu místico possa querer atribuir mais significado. Bion escreve que em uma sessão ele está mais preocupado com o que não sabe, com o desconhecido. Quando ele passa a saber, há mais desconhecido. Aberturas de panoramas que não podem ser exauridos podem ser uma fonte de depressão para o paciente. Logo quando o paciente pensava haver resolvido o quebra-cabeças de sua personalidade, infinidades de áreas desconhecidas são avistadas, pontos do Incognoscível.

Muito trabalho decorre sem que se saiba (K) o que ele é. Pode-se perceber alguma coisa, uma intimação, uma mudança sentida, sem que se saiba o que seja. Alguma coisa está acontecendo, podemos dizer. Alguma coisa está acontecendo para a qual nós ainda não temos palavras. No *sutra Lankavatara*, muita transformação acontece sem linguagem, imagem, concepção. O sinal de Bion, T em O, está ligado a tais processos. F em O e T em O. Fé na realidade última desconhecida e transformações desconhecidas acontecendo nela.

> *Jó: Ainda que me mates em Ti confio.*
> *Jesus: Senhor, Senhor, por que me abandonaste?*

Talvez ambos estejam falando de uma morte sofrida no nascimento da intuição. Talvez ambos estejam falando da Grande Morte sofrida nas profundezas da fé.

Também Buda expressa uma jornada transformacional, *samsara*–nirvana, sofrimento-bem-estar (paraíso, equanimidade, despertar, felicidade, paz além do entendimento...). Podemos ver Buda como um possível significador de um estado de ressurreição, não tanto o momento de redenção quanto o momento alcançado, pós-redenção, Ele procurou remover "um espinho de seu coração" e dizem que sentiu que havia feito isso (Blomfield, 2011): um espinho com uma longa história e com muitos nomes.

* * *

> *Esses poetas e artistas têm seus métodos para gravar suas percepções de algum tipo de influência, estímulos*

que vêm de fora, o desconhecido que é tão aterrorizante e estimula sentimentos tão poderosos que não podem ser descritos em termos comuns... Temos que inventar uma forma de discurso articulado que possa se aproximar da descrição dessas realidades, o fenômeno que eu não posso de forma alguma descrever (1994b, p. 369).

* * *

As frases deixadas de fora da citação anterior têm a ver com situar as experiências para as quais Bion estava chamando atenção, experiências subcorticais, talâmicas "sem uma verdadeira comunicação sináptica entre o tálamo e o desenvolvimento subsequente da mente". Ele havia falado de realidades comunicadas por Tennyson, Shelley e Keats, mas também de uma colisão direta de um tanque na unidade que ele ajudou a comandar: "corpos estavam carbonizados e enegrecidos e eram lançados para fora da porta do tanque como se fossem as entranhas de alguma besta misteriosa de um tipo primitivo que simplesmente os havia feito perecer aqui e ali na conflagração." (1994b, p. 368).

Continuou a falar sobre o mistério de uma palavra como "Yaveh", cujos significado, grafia, pronúncia são desconhecidos

porque nada mais poderia fazer qualquer tipo de justiça ao fato de que "Yaveh" era uma maneira de falar sobre uma força, um poder que não pode ser descrito pelo discurso articulado, assim como é apropriado quando se fala de onipotência e onisciência, ou nas formulações costumeiras da religião – nenhuma delas é a maneira adequada de descrever as questões para as quais a atenção deve ser direcionada pela comunicação (1994b. p. 370).

É liberador pensar que as formas costumeiras com as quais falamos de Deus não chegam nem perto da experiência misteriosa que nos toca. Tais palavras escondem a experiência que tentam comunicar, reduzindo-a à fantasia ou à realização de desejos – ah, ser onipotente e onisciente. Graças a Deus, não somos. Bion tenta clarificar dessas diluições e poluições aquilo a que chamamos Deus (ver a seção "God's personality" in *Rage*, Eigen, 2002).

* * *

Muitos místicos conseguiram descrever uma situação em que, acredita-se, realmente haja um poder, uma força que não pode ser mensurada, pesada ou acessada por meros seres humanos com a mera mente humana. Isso me parece ser uma profunda suposição que até agora foi quase que completamente ignorada, e ainda assim as pessoas falam de "onipotência" como se soubessem o que significa e como se tivesse uma conotação simples. Martin Buber (1970) chegou mais perto de reconhecer as realidades da situação de quando o discurso humano recorre a... Quando se fala sobre "Eu-Você", a coisa significativa não está nos dois objetos relacionados, mas no relacionamento – ou seja, numa realidade em aberto na qual não há término (no sentido como este é entendido pelos seres humanos comuns). A linguagem dos seres humanos comuns só é apropriada para o racional, pode descrever apenas o racional. Pode apenas fazer declarações em termos da racionalidade (1994b, p. 371).

* * *

Qualquer religião particular muda de acordo com a moda que esteja prevalecendo, mas a coisa fundamental, a religião propriamente dita, não. É uma força muito poderosa, como pode ser visto pela evidência do que parece ser um sinal ou sintoma do pensamento de um período desenterrado pelos arqueólogos que escavaram as Tumbas reais de Ur. Aparentemente quando a autoridade governante morreu, a corte também morreu com ele, eles foram todos enterrados na mesma tumba e tomaram a mesma dose do que quer que fosse usado antes de serem enterrados vivos. Isso por si só parece sugerir que a força religiosa é muito poderosa, esteja ela localizada em Deus, ou nas pessoas, ou no sacerdócio, ou nas autoridades da corte (1994b, p. 374).

* * *

Acrescento a citação anterior para enfatizar que o desconhecido ao qual Bion alude não é "controlável" pela linguagem ou pelo desejo. Parece monstruoso, parece divino. Ou excede todas as categorias. No *Bhagavad Gita*, Krishna faz uma aparição monstruosa, e, no entanto, está em todas as coisas e mais – é todas as coisas. Em parte, a monstruosidade tem a ver com a percepção e consciência humanas que não são capazes de suportar a dose completa da divindade/realidade. Vemos muitos demônios e monstros na arte budista que tem a ver com as tendências demoníacas na vida e na mente, mas também com deformações da visão devidas à falta de capacidade de suportar muita intensidade da experiência, um tema que Bion enfatiza. Na Bíblia, nos dizem que ver Deus é morrer. Uma maneira que temos de traduzir isso é que ver Deus leva a um tipo de morte da visão estreita, abrindo a grande visão.

A literatura sobre Jó, nos anos recentes, tende a enfatizar seu servilismo em relação a Deus, sendo intimidado pela demonstração de força. Em uma das traduções ele nunca para de discutir, nunca cede à maldade de Deus. Em um de meus "*takes*", sinto que Jó extirpou tudo, se deparando apenas com o Um remanescente e, numa explosão de espanto espontâneo e apreensão milagrosa, é lançado para além do discurso para dentro da coisa em si, no momento preciso em que Deus aparece, contato com o Desconhecido. Extirpar tudo é um movimento de contração; sua nova vida, nova família, nova terra representam um movimento de expansão depois da Visão Espantosa e da Contração, Momento de Realidade das Realidades. Quando retornamos à terra, somos deixados com nossas questões, mas também com algo mais.

Em um outro "*take*" ou estado, é difícil superar a realidade do mal, a minha, a sua, a nossa, a da humanidade. Em psicanálise damos pequenas mordiscadas a cada vez, embora às vezes passemos dos limites e encontramo-nos na situação de sermos nós comidos, mastigados e engolidos por inteiro, pelo grande monstro em uma de suas versões.

* * *

Quando o paciente disse que sonhou estar sendo carregado rio abaixo para o açude – "Digo a você, nunca acordei tão rápido em minha vida" – sobre o quê, de acordo comigo, ele estava falando? Até onde eu sei, eu estava em um estado mental em que fico muito acordado. Seria esse "muito" o bastante? Ou será que é um estado mental muito limitado – como "um feixe de luz para frente e para trás" submetendo-se "aos olhos" (Gerard Manley Hopkins, "The Candle Indoors"). Ou também, "muito" acordado, muito consciente, muito racional?

"Ao lado da janela" (idem) que sinais o paciente viu que acordasse tão rápido de modo que não pudesse ser carregado pela corrente? Seria o perigo de ficar como eu, muito acordado? Ou, como eu, muito rapidamente adormecido – o sono da morte, de fato? Ou no estado mental de "dormir" da psicanálise?

"Irradia lá os olhos falsos, toda a névoa vem dali, purga e dispersa que eu posso ver e contar das coisas invisíveis ao olhar mortal" (Milton, Paraíso Perdido, Canto III). Mas o preço parece ser a perda do "olhar mortal". Ele não pode, contudo, ser comprado ao se perder o olhar mortal, ser cego, inconsciente, alheio ao mundo visível e audível, onde você está no estado mental yin, não é a solução. Deve-se ousar estar cônscio – conscientemente – do universo aparente no estado mental em que se está adormecido e no estado mental adequado ao "acordado". Yin e Yang. Sendo assim, ser simplesmente capaz de estar unido musicalmente, com o balé, atleticamente, não é o suficiente, deve ser um intercurso – um recurso de comunicação "inter", entre dois estados da mente. Sócrates descrevia a si mesmo como uma parteira mental; talvez o psicanalista seja uma parteira entre dois estados da mente do analisando (1994b, pp. 366-367).

* * *

Um termo como "amor" não pode escrever algo tão bem quanto o termo "o amor de Deus" – esse, ao menos, faz uma tentativa de introduzir um elemento que mostra que não se trata de uma discussão sobre al-

guma coisa que seja tão simples quanto o amor físico conhecido pelo animal humano. Uma leoa brinca e mostra todos os sinais de sentimento de amor e afeição – se a cena for interpretada nos termos humanos – pela presa que destruiu; mas é um amor assassino, o amor que destrói o objeto amado. Tais imagens visuais podem ser utilizadas para falarmos sobre o amor, mesmo daquele que imaginamos que seja o amor maduro, mas há um outro amor que é maduro por um padrão absoluto. Esse outro amor, vagamente esboçado, vagamente prenunciado no discurso humano, é de um caráter totalmente diferente; não é simplesmente uma diferença quantitativa no tipo de amor que um animal tem por outro, ou que o bebê tem pelo seio. É um aprofundamento do "amor absoluto", que não pode ser descrito nos termos da experiência ou realidade sensual. Para isso deve haver uma linguagem do infrassensual ou ultrassensual, algo que esteja fora do espectro da experiência dos sentidos e da linguagem articulada. Pode-se aproximar dela através de métodos de comunicação que não sejam puramente sensuais; o artista que pinta uma pequena rua em Delft pode ver e comunicar uma realidade para o observador que, então, vê alguma coisa que é bem diferente de uma parede de tijolos ou de uma pequena casa que ele tenha alguma vez conhecido ou visto na vida. Mesmo na ciência, a descrição de Heisenberg do Princípio da Incerteza mostra que uma crise já surgiu – uma "crise de foi" (1994b, pp. 371-372).

* * *

Por toda a minha vida estive aprisionado, frustrado, obstinado pelo senso comum, pela razão, pelas memórias, desejos e – o maior bicho-papão de todos – entender e ser entendido.

Essa é minha tentativa de expressar minha rebelião, de dizer "adeus" a tudo isso. É o meu desejo, percebo agora, fadado ao insucesso, escrever um livro preservado de qualquer coloração do senso-comum, da razão etc. (ver anteriormente). Então, embora eu quisesse escrever "Abandonai a Esperança, vós que esperais encontrar quaisquer fatos – científicos, estéticos, religiosos – nesse livro", não posso alegar que consegui. Tudo isso, temo, será visto como tendo deixado seus traços, vestígios, fantasmas escondidos dentro dessas palavras, mesmo a sanidade, como a alegria, vai se esgueirar lentamente para dentro do texto. Não importa quão bem-sucedida a minha tentativa, sempre haveria o risco do livro se tornar aceitável, respeitável, honorável, e não lido. "Por que, então, escrever?", você pode perguntar. Para impedir alguém que saiba de preencher o espaço vazio – mas temo que esteja sendo "razoável" como um grande primata. Desejo a todos vocês uma Feliz Loucura e uma Fissão Relativista... (1991, "Epílogo").

Apêndice 7

Caminhos do Rabino Nachman

O que se segue resume o que estou chamando de "caminhos" que o Rabino Nachman viveu em vários momentos de sua vida. Eles condensam aspectos de sua experiência espiritual sobre a qual escrevi no Capítulo 2, e presente no livro de *Green Tormented Master: The life and Spiritual Quest of Rabbi Nachman of Bratslav*, do qual retirei as passagens que se seguem. Não fique confuso com as diferentes grafias do nome do Rabino Nachman. Green usa Nahman, outros como Kamenetz (2010), também uma fonte à qual recorri para escrever o Capítulo 2, usam Nachman. Eu uso Nachman porque cresci soletrando o som "ch" gutural como um rosnado na garganta. Nenhuma das duas grafias expressa real em ídiche ou em hebraico.

Uma vez que as elaborações estejam no Capítulo 2, achei que uma lista dos caminhos do Rabino Nachman pudesse ser útil. A lista não pretende ser completa, mas sugestiva.

* * *

1. *Emoções como mensageiros*: Nachman gostava e sofria das intensidades da experiência, momentos de aproximação de Deus e momentos de separação medonha, distância intransponível. Seus estados ecoam emoções dos salmos, o salmista desprovido, lançado no abismo quando Deus se retira, jubiloso quando, de novo, a face de Deus brilha. Um tipo de movimento duplo em direção a – afastando-se de. Não se sabe quando Deus se retira ou quando a alma se retira e vice-versa. Quaisquer que tenham sido os extremos que viveu, Nachman sentia as emoções como caminhos para e de Deus.

2. *Incubação*: Nachman sentia que havia um momento para se estar em silêncio, para se esconder, se retirar da companhia ou, pelo menos, minimizar a exposição total daquilo que estava fermentando. Muitas vezes era importante nutrir processos internos secretos, para deixá-los germinar. Uma exposição prematura poderia causar-lhes dano, abortando vida espiritual em potencial.

3. *Luta constante*: Essa pode ser uma luta interna e/ou externa. Luta com sua própria personalidade e luta com o mundo. Chega um momento em que é preciso ir para fora e lutar com o mundo, um momento em que tal luta não apenas anseia que a pessoa dê expressão a si mesma, mas estimula um crescimento ulterior. Nachman frequentemente comentava que ele estava sempre crescendo, indo além, não se contentando com o *status quo*. Ele sentia um imperativo do desenvolvimento espiritual.

4. *Natureza e música*: Assim como o Baal Shem Tov, Nachman valorizava a comunhão com a natureza. Ele sentia toda a

natureza viva com a música. Pastores que cantavam nutriam a grama, que nutria os carneiros. Cantando batendo palmas no ritmo da prece, dançando, todas expressões da Presença Divina, alimento para a alma. O espírito torna-se vivo através da canção. Isso me lembra do Rei Davi dançando e da música dos últimos salmos. Diz-se que Nachman dançava com tamanha intensidade que não era possível vê-lo se mexer, tão profunda era sua paralisação. Sua dança criou e descobriu novas dimensões na paralisação.

5. *Sofrimento*: Wittgenstein disse que havia certos sofrimentos que levavam a experimentar Deus. Nesse ponto ele teria encontrado um companheiro em Nachman. A profunda dor da vida, sofrimento existencial, as agonias agudas do trauma, perda e luto, mas também sofrimentos espirituais, ansiando pelo Divino. Nachman traçou uma dor que corria por muitos níveis, uma dor que corria atrás de Deus, Este recuando quanto mais se aproximasse a dor do coração. Essa lacuna sempre presente garantia que sempre se fosse mais além. Assim como alguém poderia pensar estar o mais íntimo possível e intimações de intimidades ainda maiores convidassem a alma.

Enquanto o *sofrimento* parece fazer parte do caminho n° 1, *emoções como mensageiros*, senti-me impelido a dar às primeiras um espaço próprio dada a ênfase que Nachman dava em certos anseios doloridos no movimento transicional em direção a Deus. Bion, também, escreve sobre a importância de sofrer a experiência. Ele tende a significar o sofrimento como o ampliador da experiência, fazendo com que gradualmente se tolere mais a intensidade dela, e fala até de sofrer alegria. Dewey em *Art as Experience* (1936) escreve sobre as dificuldades em tolerar o aumento da intensidade enquanto se vê uma obra de arte. Sofrer em vez de negar ou repudiar a experiência é um problema que atravessa muitas dimensões da vida.

6. *Confissão e prece*: Cada uma dessas duas merece uma categoria própria, mas acho natural trazê-las juntas. A prece assume muitas formas, um abismo de silêncio, paralisação da paz e do espanto, expressões de agradecimento, e súplicas de todos os tipos. Tantas formas de procurar por Deus, de comunhão com Deus. A canção e a dança podem fazer parte da prece, assim como chorar, gritar e implorar.

Nachman coloca uma ênfase especial na confissão. Não só durante a prece, mas em se confessar em voz alta para um professor espiritual. Confessar tudo que esteja na pessoa, todas as dúvidas, agonias, apreensões, necessidades, desapontamentos, anseios, mágoas, raiva e medo. Soa como um parente da livre associação na psicanálise.

A prece também pode ser uma forma de confissão, e confissão uma forma de prece. Nachman vai além encorajando seus seguidores para que falem através de seus corações, de seus corações partidos. Mais até, que partam seus corações na prece e na confissão. Ele defende a prece na sua língua nativa, a linguagem que vem a você naturalmente, não necessariamente o hebraico. Deus entende você, independente da língua que você fale, então, fale a língua que melhor expressa aquilo que está em seu coração, a linguagem do coração. Um dito de Nachman: "Nada é mais inteiro do que um coração partido".

7. *Eu não sei*: Em alguns momentos Nachman sentia seu saber, não apenas seu aprendizado, mas inspirava o ensinamento do momento, um saber que de repente irrompia com a luz, capaz de fazer com que as pessoas desmaiassem com a apreensão espiritual, a beleza, o espanto. Tais explosões da

luz sagrada podem ser demais para aqueles que não estiverem prontos. Um dos motivos porque Nachman pediu que seus escritos não publicados fossem queimados tem a ver com o medo que tinha do dano que podiam causar a um mundo que ainda não estava pronto para tamanhas elevações de iluminação. Ele temia que eles fizessem mais mal do que bem.

Como em outros momentos, ele sentia que não sabia nada. Algumas vezes de forma abjeta, consternado, fora de contato, não sintonizado com a corrente Divina, No entanto, em outras vezes disse: "Meu saber é grande, mas o meu eu não sei é maior". Ele fazia da confissão ao mais profundo não saber ou não conhecimento um caminho. Enquanto ele dava suporte aos que não haviam aprendido em qualquer coisa que soubessem, ele encorajava aqueles que já haviam aprendido a confessar o não saber. Nenhum de nós sabe em face de Deus e dos trabalhos da Vida – nenhum de nós sabe. Nossa fé tem intimações e nos leva a lugares desconhecidos. O não saber ligado à fé faz um trabalho psicoespiritual que nosso saber não poderia imaginar. F de Bion em O e T em O.

Apêndice 8

Leituras selecionadas

Esta seção de leituras sugeridas complementa as Referências. Pensei que poderia ser útil para o leitor a inclusão de obras que ajudam a constituir uma base para aquilo que é apresentado. Algumas delas são citadas no texto, muitas outras não. A lista é parcial e serve como sugestão. A literatura da Cabala é vasta. O que se inclui e o que se deixa de fora depende muito do acaso e das circunstâncias. Um dos livros não mencionados é a Bíblia. Suas histórias, leis, Salmos, profecias, imagens e possibilidades formam uma base central para a meditação cabalística. A sugestão de que Moisés viu Deus e conversou com Ele cara a cara é uma imagem especular de uma realidade que encontramos em nosso próprio interior.

Leituras elementares

Buber, M. (1987). *Tales of the Hasidim: The Early Masters Vol 1*. New York: Shocken Books.

Eigen, M. (1998). *The Psychoanalytic Mystic*. London: Free Associations (especialmente o Capítulo 3, "Infinite surfaces, explosiveness and faith").

Scholem, G. (1996). *On the Kabbalah and Its Symbolism*. New York: Shocken Books.

Outras sugestões de leitura

Bakan, D. (2004). *Sigmund Freud and the Jewish Mystical Tradition*. New York: Dover Publications.

Besserman, P. (1997). *Kabbalah and Jewish Mysticism*. Boston, MA: Shambhala.

Bion, W. R. (1970). *Attention and Interpretation*. London: Karnac, 1984.

Bloom, H. (1984). *Kabbalah and Criticism*. New York: Continuum.

Carlebach, S. (1996). *Shlomo's Stories: Selected Tales*, S. Yael Mesinal (Ed.). Lanham, MD: Jason Aronson.

Dick, P. K. (1991). *The Divine Invasion*. New York: Vintage.

Eigen, M. (2002). *Rage*. Middletown, CT: Wesleyan University Press.

Eigen, M. (2010). *Eigen in Seoul* (Vol. 1): *Madness and Murder*. London: Karnac (para "ruptura", ver Day 3, Afternoon).

Epstein, P. (1978). *Kabbalah: The Way of the Jewish Mystic*. New York: Barnes and Noble, 1988.

Friedman, M. (1988). *A Dialogue with Hasidic Tales: Hallowing the Everyday*. New York: Human Sciences Press.

Green, A. (2004). *Tormented Master: The Life and Spiritual Quest of Rabbi Nahman of Bratslav*. Woodstock, VT: Jewish Lights.

Heschel, A. J. (1984). *The Sabbath*. New York: Farrar, Straus and Giroux.

Idel, M. (1990). *Kabbalah: New Perspectives*. New Haven, CT: Yale University Press (apenas se você ler Scholem).

Kamenetz, R. (2010). *Burnt Books: Rabbi Nachman of Bratslav and Franz Kafka*. New York: Schocken Books.

Keilson, H. (2010). *The Death of the Adversary*, I. Jarosy (Trans.). New York: Farrar, Straus and Giroux.

Langer, J. (1976). *Nine Gates to the Chassidic Mysteries*. New York: Berman House.

Matt, D. C. (1995). *The Essential Kabbalah: The Heart of Jewish Mysticism*. San Francisco, CA: Harper.

Matt, D. C. (Trans.) (2004). *The Zohar* (Pritzker Edition). Stanford, CA: Stanford University Press.

Schachter-Salomi, Z., & Miles-Yepez, N. (2009). *A Heart Afire*. Philadelphia, PA: The Jewish Publication Society.

Schneerson, M. (1996).*Torah Studies*. Brooklyn, NY: Kehot Publication Society.

Steinsaltz, A. (1994). *The Thirteen Petalled Rose*. Lanham, MD: Jason Aronson.

Zalman, S. (1973). *Likutei Amarim: Tanya*. "Tanya". Brooklyn, New York: Kehot Publication Society. (Cuidado: esse livro pode queimá-lo com chamas escondidas.)

Trabalhos recentes de psicoterapeutas/psicólogos sobre Cabala e psicologia

Berke, J. & Schneider, S. (2008). *Centers of Power: The Convergence of Psychoanalysis and Kabbalah*. Lanham, MD: Jason Aronson.

Drob, S. (2009). *Kabbalah and Postmodernism*. New York: Peter Lang (site de Sanford Drob sobre Cabala e psicologia: www.newkabbalah.com/sanford.html).

Starr, K. (2008). *Repair of the Soul: Metaphors of Transformation in Jewish Mysticism and Psychoanalysis*. New York: Routledge.

Referências

Balint, M. (1959). *Thrills and Regressions*. London: Hogarth Press.

Berdyaev, N. (1975). *Slavery and Freedom*. New York: Scribner.

Bion, W. R. (1948). *Experiences in Groups*. London: Tavistock, 1961.

Bion, W. R. (1970). *Attention and Interpretation*. London: Karnac, 1984.

Bion, W. R. (1991). *A Memoir of the Future*. London: Karnac.

Bion, W. R. (1994a). *Clinical Seminars and Other Works*, F. Bion (Ed.). London: Karnac.

Bion, W. R. (1994b). *Cogitations*, F. Bion (Ed.). London: Karnac.

Blomfield, V. (2011). *Gautama Buddha: The Life and Teachings of the Awakened One*. London: Quercus.

Buber, M. (1970). *I and Thou*. New York: Charles Scribner's Sons.

Chuang Tzu (1964). *Chuang Tzu: Basic Writings*, B. Watson (Trans.). New York: Columbia University Press.

Deleuze, G. & Guaterri, F. (1987). *A Thousand Plateaus: Capitalism and Schizophrenia*. Minneapolis e St. Paul: University of Minnesota Press.

Dewey, J. (1936). *Art As Experience*. New York: Perigee, 2005.

Dogen (1985). *Moon in a Dewdrop: Writings of Zen Master Dogen*, K. Tanahashi (Ed.). New York: North Point Press.

Eigen, M. (1986). *The Psychotic Core*. London: Karnac, 2004.

Eigen, M. (1992). *Coming Through the Whirlwind*. Wilmette, IL: Chiron.

Eigen, M. (1993). *The Electrified Tightrope*, A. Phillips (Ed.). London: Karnac, 2004.

Eigen, M. (1995). *Reshaping the Self: Reflections on Renewal in Psychotherapy*. Madison, CT: Psychosocial Press.

Eigen, M. (1996). *Psychic Deadness*. London: Karnac, 2004.

Eigen, M. (1998). *The Psychoanalytic Mystic*. London: Free Association Books.

Eigen, M. (2001). *Damaged Bonds*. London: Karnac.

Eigen, M. (2002). *Rage*. Middletown, CT: Wesleyan University Press.

Eigen, M. (2004). *The Sensitive Self*. Middletown, CT: Wesleyan University Press.

Eigen, M. (2005). *Emotional Storm*. Middletown, CT: Wesleyan University Press.

Eigen, M. (2006). *Feeling Matters*. London: Karnac.

Eigen, M. (2007). *Conversations with Michael Eigen*. London: Karnac.

Eigen, M. (2009). *Flames From the Unconscious: Trauma, Madness and Faith*. London: Karnac.

Eigen, M. (2011). *Contact With the Depths*. London: Karnac.

Eigen, M. (2012). *Beauty and destruction: can goodness survive life and what would that mean?* Paper apresentado ao the First World Humanities Forum, Busan, Korea, 25 nov. 2011.

Eigen, M. & Govrin, A. (2007). *Conversations With Michael Eigen*. London: Karnac.

Fliess, R. (1973). *Symbol, Dream and Psychosis*. Madison, CT: International Universities Press.

Freud, S. (1920). *Beyond the Pleasure Principle*. S.E., *18*: 7-64. London: Hogarth.

Freud, S. (1937). Analysis terminable and interminable. *S.E., 23*: 211-253. London: Hogarth.

Green, A. (1992). *Tormented Master: The Life and Spiritual Quest of Rabbi Nahman of Bratslav*. Woodstock, VT: Jewish Lights Publishing.

Grotstein, J. S. (2007). *A Beam of Intense Darkness. Wilfred Bion's Legacy to Psychoanalysis*. London: Karnac.

Kamenetz, R. (2010). *Burnt Books: Rabbi Nachman of Bratslav and Franz Kafka*. New York: Schocken Books.

Klein, M. (1997). *Envy and Gratitude*. Vancouver: Vintage Books.

Levinas, E. (1999). *Alterity and Transcendence*, M. B. Smith (Trans.). New York: Columbia University Press.

Meltzer, D., Hoxter, S., Bremner, J., & Weddell, D. (2008). *Explorations in Autism*. Strathtay, Perthshire: Harris Meltzer Trust.

Milner, M. (1957). *On Not Being Able to Paint*. Madison, CT: International Universities Press.

Milner, M. (1987). *The Supressed Madness of Sane Men: Forty-four Years of Exploring Psychoanalysis*. London: Routledge.

Schachter-Salomi, Z. & Miles-Yepez, N. (2009). *A Heart Afire*. Philadelphia, PA: The Jewish Publication Society.

Schneerson, M. (1998). *On the Essence of Chassidus*, Y. Greenberg & S. S. Handelman (Trans.). Brooklyn, NY: Kehot Publications Society.

Scott, W. C. M. (1975). Remembering sleep and dreams. *International Review of Psycho-Analysis*, 2: 253-354.

Teilhard de Chardin, P. (1959). *The Phenomenon of Man*. London: Collins.

Winnicott, D. W. (1992). *Psychoanalytic Explorations*, C. Winnicott, R. Shepherd, & M. Davis (Eds.). Cambridge, MA: Harvard University Press.

Índice remissivo

Abel, 146
Abraão, 98, 102
Adão, 31, 86, 98
Afetivo(a),
    atitude, 31, 129
Afeto, 49, 112
    aborto, 49
    intensidade, 54
    estado, 49
    mundo, 49
    vida, 29
Agressão, 66, 87-91, 97-98
Akiva, rabino, 34-35, 73-75
Allen, W., 59
Alucinação, 144, 174
    psicótica, 127
Ansiedade, 47, 57, 87, 185
    separação, 56-57
Aristóteles, 30, 107, 141, 174
Árvore da Vida, 26, 48, 62, 105, 133-134, 140, 145, 159

Associação livre, 52, 103, 200
Autoapagar, 55, 151
Autoarrumação, 178
Autocentrado, 65
Autodenegridor, 96
Autodestruição, 178
Auto-ódio, 62
Auto-organização, 141
Autossabotagem, 156

Baal Shem Tov, 30, 75-76, 84, 100-102, 198
Balint, M., 41, 207
ben Eliezer, I., 30
Berdyaev, N., 186, 207
Bíblia, 21, 37, 74, 92, 98, 108-109, 137, 153, 167, 191, 203
Bion W. R. (*passim*),
    alfa
        elementos, 53, 164, 183, 185
        espaço, 184-185
        função 53, 170, 174, 179, 185

beta
    elementos, 53, 164, 173, 179
    espaço, 184-185
    impactos, 174
    objetos, 174, 177-178
    trabalhos citados, 27, 44, 47-49, 53-54, 60, 76, 125-126, 143, 148, 150, 161, 163, 171, 181, 185, 187, 189-190
    Fé, 46-49, 54, 77-79, 81-2, 84, 109, 111-112, 188
    grade, 49-53, 169-175, 178-180, 187
        A, 172-173, 179-180
        C, 170, 176, 187
        D, 170
        F, 46, 77-79, 81, 127-128, 170, 179-180, 187-188, 201
        H, 172, 180
        K, 46-47, 50, 126-128, 187
        O, 44, 46, 48-49, 53, 77-79, 81, 107, 113, 128, 151, 162-166, 173, 175, 177, 182-184, 188, 201
        T, 79, 128, 188, 201
    O-gramas, 48-49, 53-54, 113, 161-163, 175, 184
Blake, W., 44, 80, 117, 143-144, 146, 155
Blomfield, V. 188, 207
Boehme, J., 23, 25, 104
Boris, H., 88
Bremner, J., 56-57, 209
Buber, M., 127, 190, 203, 207
Buda, budismo, 12, 21, 39, 51-52, 67, 70, 79-80, 98, 115, 133, 149, 182, 184, 186, 188, 191

Cabala 9-12, 17-18, 21-23, 29, 31, 33, 37, 44-45, 48, 52-4, 63, 67, 69, 73-74, 95, 103, 107, 125, 138, 140-141, 144-145, 150, 153, 162 *ver também*: Ein Sof, Árvore da Vida
Caim, 146
Campbell, J., 10
Catástrofe, 27, 45-46, 52, 54, 61--62, 76
    emocional, 77
    iminente, 48
    natural, 148
    psíquica, 76, 106
catolicismo, 88
Chacras, 139
Chassidus, chassídico, 19, 21, 26
Cristo, cristão, 12, 19, 135, 186
Chuang Tzu, 79, 112, 114-115, 208
Consciência, 57, 93, 110, 122, 127, 138, 141, 171, 178, 192
    controle, 79
    dolorosa, 57
    matemática, 171
    semiconsciente, 93
    onírica, 40
Culpa, 55, 86, 146

Dalai Lama, 21
    instinto, 87, 113
    psíquica, 155
    pulsão, 38, 87, 155
    sono, 193
de Cusa, N., 158-9
de Leon, M., 75
Deleuze G., 83, 208
Depressão, 63-64, 85, 94, 155, 187
    posição, 63
Deri S., 28-29
Desenvolvimento, 49, 177, 185, 189
    desafio, 27
    da intuição psicanalítica, 186
    do ego, 139

espiritual, 198
pessoal, 186
Deus (*passim*)
Dewey, J., 128, 199, 208
Dimensão Z, 39, 46-47
Dogen, 167, 208

Eddington, A. 43, 48, 182
Ego, 77, 142, 154, 156 *ver também*:
egocêntrico, 77, 86
  empírico, 145
  psicológico, 145
  super, 121
  transcendental, 145
Eigen, M., 11, 19, 27, 32, 42, 44, 46, 55-56, 58, 60, 109, 114-5, 125, 130, 138, 179, 190, 208-9
Ein Sof, 11, 26, 43, 48-49, 53, 62, 105, 133-134, 136-137, 144, 150, 153-154, 159, 164, 173, 175, 182
Einstein, A., 88
Édipo, 63
Eros, 46, 141, 143, 154
Eva, 86, 98

Fantasia, 24, 55, 59, 61-62, 67, 75, 91, 134, 190
Fliess, R., 57, 209
Freud., A., 121-122
Freud, S., 10, 12, 29, 38-39, 52, 63, 66-67, 80, 87, 89, 95, 103, 108-109, 112-113, 117, 121, 127-128, 139-141, 144, 155-156, 164, 178-179, 209

Ginsberg, A., 128
Gnosticismo, 23, 74
  cabeça de, 53, 165
  ciumento, 148
  criativo, 23, 154
  do Gênesis, 23
  quebrado/servilismo, 29
  olímpico, 64
  Yosemite, 32
Govrin, A., 11, 209
Graham, M., 24
Green, André, 60, 121
Green, Arthur, 84, 110, 197, 209
Grotstein, J. S., 47, 209
Guattari, F., 139, 208
Guerra, 67, 97-98, 148
  nuclear, 43
  Fria, 43
  Segunda, Mundial, 41

Hassidismo, 30
Herzog, W., 52, 163
Hindu, 12
Hoxter, S., 56-57, 209
Hussein, S., 25, 43

Idel, M., 74
  Eu-Isso, 127
  Eu-Tu, 127
Inconsciente, inconsciência, 57, 59, 93, 174, 193
Ira, 32, 87, 122-123, 177

Jardim do Éden, 146
Jesus, 93, 103, 109, 112, 137, 188
Jó, 38, 47, 78, 81, 109, 112, 188, 192
Judaísmo, 12, 33, 40, 75, 107
  Luriânica, 22, 44, 76, 103
  mística da, 138

Kamenetz, R., 12, 84, 90, 197, 209
Kastel. Rabino, 20, 124
Kellner. Rabino, 19, 123-124
Kiefer, A., 26

Klein, M., 24, 46, 63, 67, 80-81, 87, 128, 143, 209
Kohut, 12, 67
Krishna, 191
Kuan Yin, 80-1
Kundalini, 12, 139

Lacan, J., 13, 121
Levinas, E., 129, 209
Levy, D., 52
Vida (*passim*) *ver também*: Afetivo(a), Árvore da Vida
  ansiedades, 57
  divina, 136
  em vigília, 40
  emocional, 11, 49, 52, 77, 126, 128-129, 143, 163
  espiritual, 10, 99, 138, 143, 198
  fagulha, 32
  humana, 41
  instinto, 179
  processo, 29
    psíquica, 27, 44, 61, 88, 106, 175
Luria, Rabino, 22-28, 75, 103-106 *ver também*: Cabala

Mãe, 39, 55, 58-60, 68, 82-83, 143
  -bebê, 59
  nova, 68
Meditação, 22, 36-37, 51, 53, 69-71, 74, 89, 97, 102, 107, 115, 138, 141, 149-50, 163, 174, 184, 203
Meltzer, D., 56-57, 209
Memória, 119
  traumática, 57
  sem, 46, 77, 127, 185
Messias, 101-103, 124
Metta, 33, 68
Miles-Yepez, N., 101, 210

Milner, , M. 9, 13, 48, 110, 138, 209-210
Moisés, 91, 113, 186
Morte, 35, 39, 67, 78, 119, 134, 147, 155-156, 188, 191

Nachman, Rabino, 12, 45, 75-76, 78-79, 82-87, 190-199, 101-103, 107-113, 115, 120-122, 128, 130, 136, 146, 179, 197-201
New York University Postdoctoral Contemplative Studies Project, 19
Noosfera, 166, 180, 183-184, 187

Objeto, 55
  beta, 174-175, 177-178
  amado, 194
  de interesse, 112
  psíquico, 175
  relações, 190
  uso do, 59
  pré-edípico, 63
Ódio, 32, 112, 117-118 *ver também*: *Self*
Onipotência, 24, 43, 189
  falsa, 43
O-gramas *ver*: Bion, W. R.
Onisciência, 24, 43, 189
Outro, 39, 53

Psique, 11, 27-28, 31-32, 85, 95, 106, 125-126, 130
Psíquico(a), 51, 65, 68, 141, 155
  ambiente, 164
  ameaça, 57
  ato, 179
  batimento cardíaco, 24
  buraco de verme, 130
  caminho, 113
  capacidade, 27

catástrofe, 76
despedaçamento, 44
energia, 80
espaço, 32, 62, 175, 186
eventos, 177
exercício, 170
flexibilidade, 68
fluxo, 175
força, 81
funcionamento, 122
impotente, 87, 122
inútil, 87
matéria, materialidade, 174-175
objetos, 175
organização, 126
origem, 44
papilas gustativas, 102
processo, 175
qualidades, 178
realidade, 85, 95, 107, 115, 186--187
recursos, 29
sintomas, 52
trabalho, 66, 174
trabalho, da morte, 155
útero, 95
ver, 127
vida, 27, 44, 61, 88, 106, 175

Raiva, 38, 55, 66, 114, 200
Rangell, L., 121
Rei Davi, 99, 101, 199

Santo Agostinho, 46
Saperstein, S., 12
Schachter-Salomi, Z., 101, 210
Schneerson, M. 26, 32, 101, 210
Scott, W. C. M., 89, 210
Self, 12, 32, 51, 63, 68, 83, 97, 125, 186

estados, 12
expansivo, 25
habitual, 187
identidades, 12
sentimento, 25
Sephirot, 48, 61, 70, 110, 133, 136--140, 142, 144, 149-150, 153-5, 162, 164, 167, 172-173, 179, 185
ver também: Árvore da Vida
criação, 110
décimo, 26
do intelecto, 144
do meio, 145
emocionais, 144
freudiano, 140
inferior, 140, 145, 166
quebrado, 145, 148
superior, 138, 145, 185
Sewell, E., 88
sexual, 64, 122, 141, 145
aspectos, 143
desejo, 122
interpretação, 86
motivação, 156
natureza, 96
transcendência, 86
sexualidade, 86, 141
ausência, 86
Shakespeare, W., 117
Shekinah, 26, 105, 146
Shimon bar Yochai, 75
Sholem, G., 74
Sociedade Psicanalítica de Los Angeles, 121
Simbolo, simbolismo, 80, 128, 145, 165-166, 175
de unidade, 156
Spotnitz, H., 64
Statman, A., 90
Sufi, 12

Talmude, 66
Taoísta, 12, 24
Teilhard de Chardin, P., 180, 183--184, 210
Terra Santa, 85
Torá, 18, 22, 73-74, 95, 108, 113
Torre de Babel, 40, 51, 148
Tustin, F., 29
   fantasia, 24
   processo, 166

Vital, C., 22

Weber, S., 33
Weddell, D., 56-57, 209
Wentworth, D., 19
Winnicott, C., 59, 61
Winnicott, D. W., 11, 13, 39, 55, 58-61, 64, 67, 81-82, 107, 112, 121, 210
World Trade Center, 85

Zohar, 19, 66, 74-75, 150